惡魔讀心術2

讓小人都靠邊閃的

秒殺破心術

一秒看穿你的鬼主意，
你以為別人都瞎了嗎！

Oh ~ No！
你怎麼知道
我在想什麼？！

臨床心理分析師 內田直樹◎著

[序] 心明眼就亮，眼睛絕對不會再被蛤仔肉糊到！

人生中，處處充斥著那些隨時等著要絆我們一腳的陰險小人。即使我們都不希望和小人打交道，但又不知該如何避免，為什麼呢？因為小人的臉上沒有貼標籤。所以像以下這種慘劇可能就會發生在我們身上：

當你加班加到昏天暗地，好不容易把研發報告呈給主管，想請他先幫你過目一下。但他看過報告後，卻把你罵得狗血淋頭，你以為花了半個月的心血也付諸流水。

沒想到，在下週和大老闆的研發會議上，他拿出那份被批評得一無是處的報告大放厥詞，還被老闆大力讚揚！

如果你「早知道」他是這種貨色，當初在寄報告給他的時候，就應該同時附件寄給大老闆，今天就不會上演這場荒謬劇，害你背了悶鍋還不敢吭聲。

為了避免再成為「小白」（白目的人），我們就要先矯正識人不清的視力，在極短時間的仔細觀察下，就能判別眼前這個人的性格。進而推論出：他是會幫你，還是會害你？他現在說的到底是真話，還是假話？

透過研讀本書中的「破心大絕招」、「小人照妖鏡」、「小人鑑定團」的抽絲剝繭之下，你也可以輕鬆成為「明眼人」，不會再笨到相信那些「黑心人」看起來「好像很善良」。

學習讀心術，除了可以預防「被突襲」之外，當其他人知道你是一個「耳聰目明」的人，就不敢老是在關公面前耍大刀。而且小人雖有其可恨之處，也有其可愛之處，只要你善加判斷、利用，「小人」也有機會變「好人」，就看你怎麼和他相處了。

除了職場，在感情上、人生中諸多關鍵時刻更是如此。如果你一時不慎，「眼睛被蛤仔肉糊到」，可能就會從天堂頂端掉入地獄深谷。

就像有些男人在談戀愛時猛獻殷勤，花招百出，無微不至地照顧你，最後承諾要負責你一生的幸福。

沒想到，當你說出：「我願意」之後，他就像被小鬼附身，對你總是頤指氣使，每天回家翹著二郎腿等你伺候，還叫你去幫他繳卡費。假以時日，你才驚覺這原來就是他的真面目，即便此時回頭，也已「人財兩失」了！

雖然我們要發自內心地相信：別人都是好人。但別忘了，上天是公平的，當他賜予你多少的光明，就會同時賦予你多少「黑暗」。

如果我們總是寧願盲目地相信：這個世界只有好的一面，拒絕面對黑暗的結果，往往是被陰影悄悄吞噬還不自知。這時，就算你說自己當初只是：「好傻好天真」，別人也只會把這當成茶餘飯後閒嗑牙的話題而已。

所以，與其躲在光影後面自我催眠，還不如站出來迎擊黑暗，仔細研讀「破心絕技」，認清在你生命中興風作浪的惡魔是哪一種貨色？就能趨吉避凶，讓自己的傷害減到最低。並且，和那些被放進「小人黑名單」的人，保持距離，以策安全，只要你擦亮雙眼，對那些會害你跌倒的坑洞瞭若指掌，就能輕鬆跨越，一生平步青雲！

內田直樹 謹識

Chapter 1

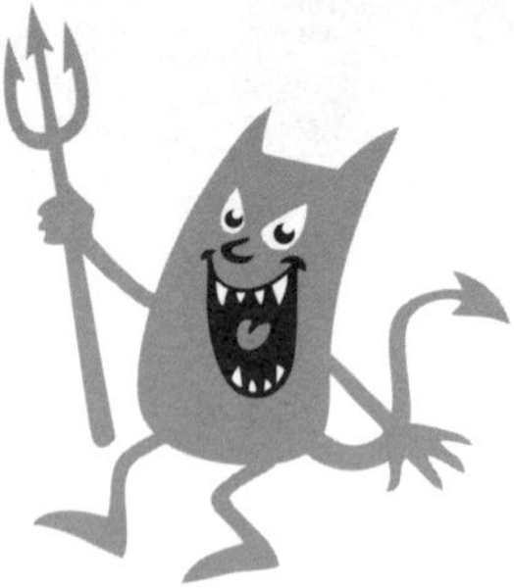

小人面面觀，一眼揪出真小人和偽君子！

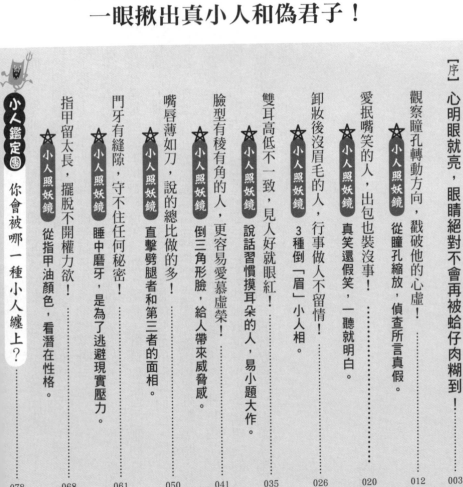

Chapter 2

現場直擊小動作，就能識破受害前的假動作！

Chapter 3 了解小人慣性，準確判斷一刀斃命！

Chapter 4 留心衣著打扮，揭穿披著羊皮的狼！

擺脫小人糾纏的第一步，
就是先透過簡單的觀察，
深入了解此人真實的個性。
就可以避免過度相信人性而滋生爭端，
因為你擁有一雙雪亮的雙眼，
他到底是什麼貨色，一眼看分明！

1

Chapter

小人面面觀，一眼揪出真小人和偽君子！

To see through the real personality of bad gu

觀察瞳孔轉動方向，戳破他的心虛！

你是不是曾經遇過與朋友交談時，對方眼神不敢正視你？他明明對答如流，眼神卻不知為何總是望著「遠方」，神情中雖然沒有一絲不禮貌，卻無法「聚焦」地看著你？好像你的分身就站在自己的身後般詭異，當時的你，可能會心想：「這個傢伙的眼睛到底在看哪裡啊？他有認真聽我說話嗎？」

如果是沒什麼自信心的人，可能還會以為：「完了！我講話一定很無聊，他居然看都不看我一眼……」但看到對方若無其事繼續閒聊的樣子，真是百思不得其解。

究竟，我們該如何從一個人的眼神中辨識出他內心的意圖呢？

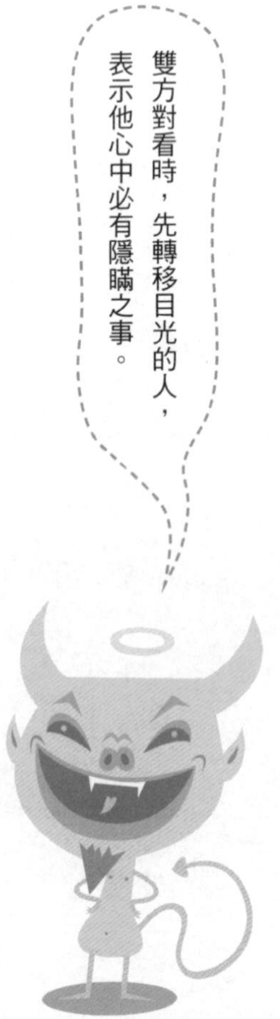
雙方對看時，先轉移目光的人，表示他心中必有隱瞞之事。

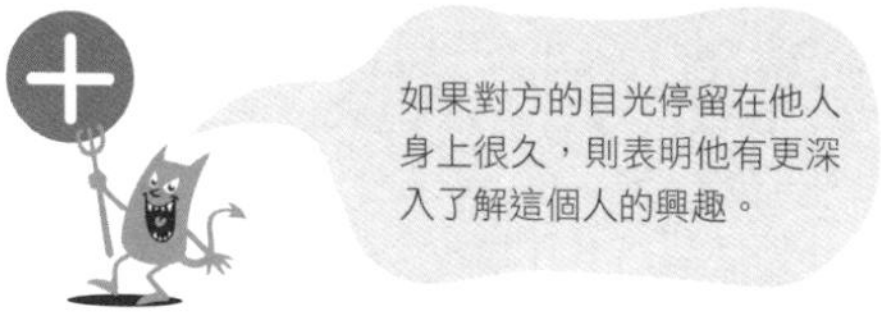

藝術大師達文西曾說：「眼睛是心靈之窗。」巧妙地詮釋出雙眼可以淋漓盡致地表達一個人的內心情緒，甚至語言難以表達的微妙感情，都能從眼神中感受得到。

從醫學角度來看，眼睛是五官中最靈敏的器官，從眼中接收到的訊息，幾乎就主導了我們70%以上的感受。換句話說，從對方的神情來判斷其心理狀態，應該是最難以隱藏，也最直觀的手段了，也是第一時間能快速辨認這人對你是心存善意、還是敵意的關鍵撇步！

他到底在看什麼？看哪裡？

從眼神判斷他人心中真實想法的方式，大致上可以分為以下切入點：

☆看眼神的溫度，透視他喜不喜歡你

當一個人對他人有好感時，就會用一種帶有愉悅、開心……等感情的目光，直接盯著對方瞧，當他顯示出這種興味盎然的神情時，你就可以大膽判

斷：他並不排斥你或言談的內容。

如果對方的目光停留在某人身上很久，則表明他想更深入了解這個人。在人際關係中，如果兩人的視線始終對不上，你就可以斷論：他們接下來的交集也不可能太深。

不過，如果在職場談判的協商場合中，一個人用堅定的目光看著對方，則表明此刻他想以自信戰勝對方，而且對於勝利也胸有成竹。

相反地，當一個人討厭某人時，就會用一種反感的目光，不時地打量著那個人，甚至傳達出忽視、漠視的冷淡眼神，這時你就可以明白地了解，兩人緣盡於此了。

所以，在交談時，認真地去感受兩人對看時的溫度，如果對方目光中充滿了熱誠地凝視，這個人就比較值得深交；相反地，如果某人老是以一種異樣、睥睨的眼神望著你，你最好還是和他保持距離，避免用熱臉去貼人家的冷屁股，還招人反感。

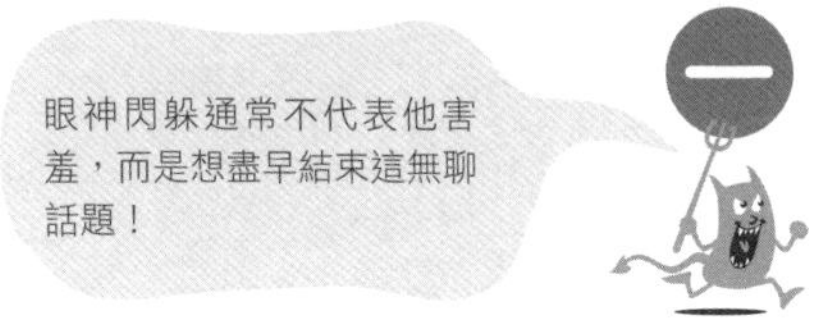
眼神閃躲通常不代表他害羞，而是想盡早結束這無聊話題！

✡ 從視線的方向，讀出他心中的OS

當我們想更深入了解此人內心對談話內容是否有真正的興趣時，可以再不動聲色地觀察他的視線方向。

雙方對看時，如果首先把目光移開的人，代表他心中有其他的聯想或隱瞞之處，移開視線是為了擺脫他心中的矛盾尷尬。

而那些聽別人講話時，明明一面點頭，卻無法將視線集中在談話者身上的人，表示對來者和話題不感興趣，一心想早點結束當前的討論，可能他現在正在試圖尋找別的話題和脫身的方法。

如果交談時，對方的目光緊盯著你兩眼到嘴巴連線這個三角區域，眼中還充滿鼓勵的神情，則表明當前的談話切合他的心意，你就可以繼續毫無顧忌地說下去。

從上述論點中，你應該了解自己在那些「說話不看你」的人心中的地位了，甚至還要小心他們表面一副和善臉孔，私底下卻常向他人告狀你的不是，讓別人對你有所誤解。

對你有情或無情，看他的瞳孔是放大還是縮小？

醫學研究發現：眼睛中的瞳孔變化以及眼球的活動，都是受腦神經直接支配，無法用人為控制的，所以特別能反映此人當前複雜多變的心理反應。

當我們遇到令人厭惡的刺激或負面情緒時，主體的瞳孔會不由自主地收縮；相反地，當遇到令人心情愉快的刺激時，瞳孔便會自動擴大。如果瞳孔沒有任何變化，則表示他對此人、此物的漠不關心。

所以，在面對自己喜歡的人時，即使可以裝出若無其事、毫不在意的樣子，但是瞳孔的擴張卻騙不了人。假設某女非常心儀某男，當她注視那個男人時，瞳孔就會不經意地擴張，而這個男人很可能會心照不宣地讀懂女人發出的訊號。

試想，為什麼羅曼蒂克的相遇總是發生在燈光朦朧的地方呢？答案就是瞳孔的擴張。因為在微暗的光線中，人們的瞳孔會不由自主地擴大，而讓相遇的兩人產生更大的吸引力，成就一段浪漫的愛情。

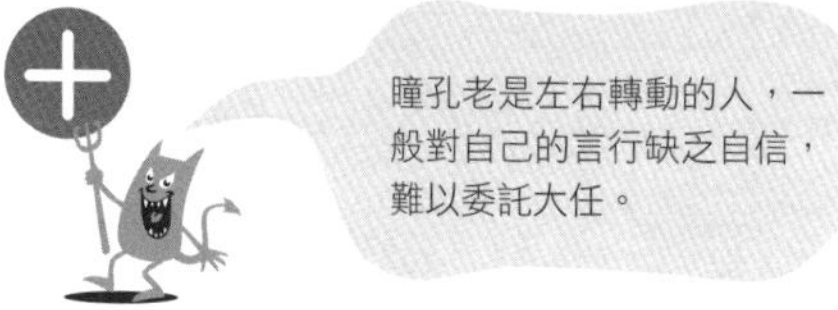

如果與人交談時，雖然對方顯露出的態度很熱情，表面上也看似贊同你的建議，但對方的瞳孔卻不斷地縮小，那麼你就該加倍注意了。因為，他心中所想與表達出的語言存在著極大的差異，由此可以判定，他現在的言論只是為了敷衍你。

想要了解一個人當前的行為與心理活動是否一致，除了觀察瞳孔的擴大與縮小以外，還可以透過觀察眼瞳的轉動方向來辨別：對方是在尋找記憶中的實情，還是忙於編造新的答案，你就會發現他說的到底是真還是假？

因為研究者經過長期的觀察與統計後發現：一般情況下，人類在回憶某件事情時，瞳孔會自然地向左側轉動；如果是在醞釀或編造一件事情時，他的瞳孔會不由自主地向右側移動。如果仔細觀察的話，你就會發現瞳孔運動其實很容易觀察。

據統計顯示，有90％的人符合這個規律。因此，要想準確地判斷一個人是否說謊時，可以先向他提出幾個已知答案的問題，透過觀察他的瞳孔轉動方向，判定他是否擅於說謊。

此外，透過更深入的研究發現，一個胸懷坦蕩的人，瞳孔的運動會比較自然；反之，那些瞳孔不斷左右轉動的人，表示對自己的言行缺乏自信，不是心懷歹意，就是動機不純，這時候一定要多加留意。

以上這些方法，如果單獨拿來作為判斷他人是否說謊的依據，也有可能會存在一些偏差，畢竟每個人都對他人或多或少有些先入為主的看法。因此，想要更準確地判斷他人的想法，必要時可以綜合考慮以上面向，得到的結論會更準確。

擺脫小人糾纏的第一步，就是先透過簡單的觀察，更深入了解他人對你是善意、還是敵意，看清楚他到底是想幫你、還是想害你，就可以避免日後因誤解而生的爭端，因為你已經擁有一雙雪亮的雙眼，眼前人說的是真是假，一眼就能看分明！

小人照妖鏡

從瞳孔縮放，偵察所言真假。

美國芝加哥大學的心理學教授埃克哈特曾做過一個實驗，他隨機給男女實驗者看一些照片，然後觀察他們的瞳孔變化。

他發現：當女性看到小孩子的可愛照片時，瞳孔平均會擴大25%；當男性看到性感女人的照片時，瞳孔平均會擴大20%。

這個實驗證明了人類瞳孔的大小不僅會隨周圍光線的明暗發生變化，還會受到心中感興趣程度的影響。

所以透過觀察對方的瞳孔變化，就能探知其內在想法。

如果對方在聽我們說話時看起來心不在焉，但是他的黑眼珠卻慢慢擴大，那就表明，即使他看似不在乎，實際上卻對談論的事情有著強烈關注力。

當我們在詢問一個人與此事的相關性時，也可藉著他瞳孔的反應，來判斷他說的是真是假。

例如，你問他：「這件事是誰在幕後指使的？」此時像貓在夜間一樣睜大雙瞳者，即使看起來非常的純潔無辜，但無疑地，他與此事脫不了關係！

愛抿嘴笑的人，出包也裝沒事！

心理學家經研究發現：當語言、文字還未誕生之前，一抹微笑，就是人類最古老的社交行為。所以當別人對我們展露笑顏之時，我們會視作他在釋出善意。不過笑容有千千百百種，甚至只是一種禮貌的習慣，如何更細微地辨認出各種笑容背後的含意？到底他人與自己之間的相處，是不是如同表面上看來那般愉快和諧？還是只是公事上的應付、公關上的客套？這就需要倚賴心理分析領域了。

當陌生女孩對你笑逐顏開，並不代表她對你有好感！

笑時帶著兩側上揚的嘴角，代表此人善於交際，具有天生的說服力。

從笑容還原他的單純或陰沉

在我們的既定印象中，常常放聲大笑的人似乎比較樂觀、幽默，而那些笑也笑不開懷的人，卻顯得十分拘謹。究竟在笑容的背後，潛藏著什麼樣的性格呢？接下來的解析，讓你只要根據不同的笑臉符號，就能了解對方心理微妙的變化。

笑時嘴角上揚的人，有自信也可能自負

笑時帶著兩側上揚的嘴角，代表此人對自己充滿了自信，這種人通常能言善道，個性率直，也有天生的說服力，善於交際；不過如果他微笑時只有單側的嘴角上揚，則代表對方是個自信過頭的人，常常對別人的努力投入感到不以為然，其實他才是一個內心感到十分空虛的空心菜。若你提早了解這個人的性情，就不用再浪費時間和他深交了。

笑聲爽朗的人，有真君子和偽君子之分

笑聲爽朗的人大多性格開朗，也喜歡突破、冒險，同時還富有同情心，如

果身旁的人有困難，只要在自己的能力範圍內，他一定儘可能地提供幫助，所以如果你是他的朋友，當你有難時，他絕對不會見死不救。

不過，如果在不太自然的情況下還放聲大笑，會令人感覺意有所圖。例如：故意讓人覺得自己性格很豪爽、很大方。有的人其實內心有著強烈的自卑感與不安，就常以大笑來隱藏真實的個性，因為他害怕受傷、更害怕讓人看到他易感的心，實際上他卻是屬於不易顯露真心的類型。

☆看到習慣抿著嘴笑的人，要保持警覺

這種人內心有一份優越感，也是獨善其身的人。平時相處起來還算和氣，但其實心裡非常固執，一遇到不合他意的事，還會瞬間變臉、大發雷霆。假使自己發生失誤，也會假裝「不關我的事」（因為他認為千錯萬錯都不是他的錯），還擺出一副若無其事的樣子，毫不在乎地將爛攤子推給旁人。所以，最好平時就和這種連笑也不舒坦的人保持距離，才能以策安全。

女人對你微笑與好感無關，
這其實只是一種保護自己的
策略，別自作多情！

女人總是先微笑，再拒絕

近年來的科學證實，女孩子一開始對陌生人顯露微笑，與她對此人的印象及感覺一點關係都沒有。

英國LEEDS大學人類行為研究所的心理學家在研究一千四百名男性失戀案例時發現，大約90%的男性在敘述自己與女性初次認識的時候，都有女性先對自己微笑的描述。於是，心理學家針對這個說法進行了兩種實驗。

第一種實驗是籌辦了一場大型的舞會，他們邀請來自四面八方、各自不相識的賓客來參加，同時，在舞會場地的各個角落裡都安裝了監視器，以拍下每個人的表情。由影片證實，雖然在陌生的環境中，男性會比較主動，但當男性主動邀約時，女性總是先微笑，然後才會說出接受或拒絕。

第二個實驗是請一位年輕人在大街上尋找看似單身的女性，並向她問路。同樣地，在路口的電線桿上架設著監視器。結果發現，大多數的女性被問路時，都一直保持著微笑。

心理學家更進一步地研究這兩個實驗的影像紀錄，結果顯示，女性在與男性第一次接觸的過程中，她們先笑的速度比男性快零點六秒，持續時間多五秒，但如果第一次的談話時間過長的話，女性會更快收斂起臉上的笑容。也就是說，當她感到自己被男性糾纏時，她就會不耐煩和心不在焉。

所以，心理學家認為，笑是女性最主要的溝通和防禦手段，之所以在遇到陌生人時展露微笑，其實只是一種保護自己的策略。

不過心理學家發現更有趣的是，在面對陌生異性時，女性幾乎都會採取這種應對的方式，不過一旦遇到陌生的同性時，就沒有那麼大方了。除非是基於某種特殊目的或在某種特定場合，女性在和陌生同性初次接觸時，雙方表達笑意的時間不會超過五秒，而且絕不會顯現令人傾倒和嫵媚的笑容。

以上這個實驗的結果可以提供給男性們引以為戒，當陌生女孩對你微笑時，並不意味著她的好感，那只是她的保護色而已，這樣下次你就不會再因表錯情、追錯人，被拒絕還莫名其妙。

小人照妖鏡

真笑還假笑，一聽就明白。

近期，在英國《實驗心理學季刊》發表一項新的研究結果：真笑和假笑是聽得出來的。

英國倫敦大學的研究人員招募了一些志願者，讓他們分別收聽了真實的笑聲和偽裝的笑聲，結果發現，人們能夠準確地辨別兩種性質完全不同的笑聲。

認知神經科學教授索菲婭·斯科表示，真笑和假笑會啟動大腦中的兩個不同區域，假笑會讓大腦內側前額葉皮質更活躍，而真實的笑聲只啟動了顳葉中的聽覺區域。

他們還進一步研究發現，真笑、假笑從時間上也可以判別。真的笑容往往只有1/4秒的時間，而假笑維持的時間比較長，如果笑容持續超過5秒鐘，就很有可能是假的。

另外，英國特福德郡大學的心理學教授魏斯曼也透過實驗證實：女性比男性更擅長假笑。雖然微笑是一種國際的禮儀，但在每個看似和善的微笑中，能不能讀出當事人的真實心情，就是讀心術要學會攻克的要點，當你比別人再多了解一點點的人性，你會發覺自己過往的主觀經驗有了更客觀的判別標準。

卸妝後沒眉毛的人，行事做人不留情！

毫無疑問地，眉眼是表情之中最容易被注意到的部位，雙眉的舒展、收攏、揚起、下垂可反映出人的喜、怒、哀、樂等複雜的情緒。有時候，眉毛對情緒的傳達速度甚至比眼睛還要快，所以如果能夠掌握住這些常識，就可以準確洞悉對方的心理。

此外，在我潛心研究讀心術的這十幾年間，也蒐羅了許多手面相的統計案例。其實五官的形狀、長相，確實能夠歸結出一個人的性格癥結，在此也以眉相為例，在書中和讀者分享。希望在見到陌生人的當下，憑藉著幾個簡單的特徵，就能掌握此人的基礎性格，也希望讀者以「不防君子，只防小人」的心

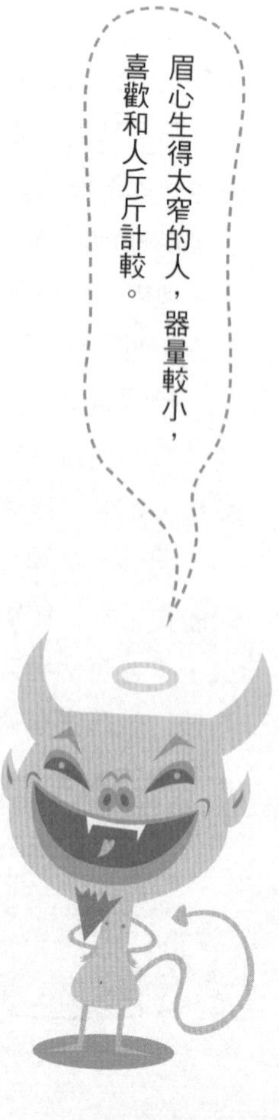
眉心生得太窄的人，器量較小，
喜歡和人斤斤計較。

眉毛長過眼睛的人，雖然能受到手足的援助，但要小心就此養成依賴心理。

態，作為評斷時的綜合參考。

眉濃又粗，自我意識高漲

接下來會一一介紹各種最常見的眉相，相信讀者們只要在心中比對一下身邊人的長相，就能很快地心領神會，為自己打下良好的讀心術基礎：

☆眉心太窄的人，心胸狹窄

眉頭與眉頭間的距離，我們稱之為「眉心」。通常眉心生得太窄的人，器量較小，喜歡和人斤斤計較，所以格局不大。但往好的地方想，這樣的人也會因其針對性易有專才。

人之所以會造成眉心狹窄，除了先天的長相之外，有些常常覺得在生活與工作中遇到很多難題的人，會因為習慣性的眉頭緊鎖，造成眉心的肌肉萎縮，使得眉心越來越窄。

現代的生活壓力頗大，許多人都是後天環境的催化之下，而縮短了眉心的距離。不論是壓力、長相使然，都讓這些人的性格比較暴躁，如果你身邊恰好有這種人，小心不要和這種人硬碰硬，不然被揍扁的倒楣鬼可能是你。

相反地，如果眉心寬的人，心胸也相較寬廣，人際關係自然好得多。

☆眉毛過長的人，會過度依賴兄弟

眉毛長的人大致上比較寬宏大量，也頗有遠見，而且心思較細，所以少出差錯，性情也很溫和、優雅。這類人懂得替別人著想，所以人際關係也極佳，屬於好好先生型。相對而言，眉毛比眼睛稍長較好，這樣兄弟間的情分較深，不過雖能得到手足的幫忙，卻可能反而過度倚賴對方。

☆濃眉的人，個性剛強獨斷

眉毛濃其實就代表這個人的健康狀態良好，所以會給人一種精力充沛、極具威勢之感。

這種人自我意識比較強，個性又頑固，常一意孤行、感情用事。做事方面，他們往往對別人不太放心，什麼事都想親自動手做，但不免因做事武斷的眉心狹窄不一定是因為先天的長相，如果長期處於壓力之下，眉心也會變窄。

壞習慣，而疏忽了該注意的細節，結果還不是要重做。所以如果不小心和這類人分到同組工作，要不經意地幫他注意細節，以免等到被拖垮時就來不及了。

☆淡眉的人，說得比唱得還好聽

這類人腳踏實地，做事一板一眼，不過缺乏上進心與領導力，而且比較害怕變化，難以適應新環境。因為他們會認真投入於眼前的工作，所以雖不至於有什麼豐功偉績，也能小有成就。

他們的反應不快，心思也很簡單，雖然意志不堅，做事缺乏計劃，但卻具有能言善辯的技巧，要小心他說的與做的是否名實相符。

☆無眉的人，鐵石心腸

卸妝後完全沒有眉毛的人，較理性現實，很少感情用事，所以有時候會給旁人不近人情之感。

如果你有事拜託他幫忙，可能還會受到一番嘲諷：「早知如此，何必當初！」

與此人交往，你可當成「良藥苦口」或是「冷面冷心」，就看你是否願意調整心態了。

眉毛降低，白目勿近

了解一個人的心境，不一定非要透過交談，其實觀察對方眉毛的細微變動，就能收集到許多訊息。

當我們感到傷心失望的時候，眉頭通常會向上、眉尾會向下外側，就像俗稱的八字眉，所以情緒起伏較大的人，他的眉毛通常也「很有戲」；而理性冷靜、情緒穩定的人，眉相一般都會比較平直，看起來處之淡然；當一個人感到憂心忡忡時，我們就會看到他「眉頭緊鎖」的樣子。可見眉毛所傳遞的情感是非常準確的，透過一些眉毛的表情，我們就可以推知眼前人的心理狀態。

降眉，舉起防禦的盾牌

當人們感覺受到侵略時，通常會呈現出這種表情，因為這是一種帶有防護

有一對八字眉的人，情緒通常不太穩定，起伏較大。

性的動作，是為保護眼睛免受外界的傷害。這種上下擠壓的形式，是面臨外界攻擊時典型的退避反應，當眼睛突然見到強光照射時，也會呈現這樣的狀態。

另外，當人們有強烈的情緒反映時，也會產生這種眉相，所以你可以把這當成一個自我防衛的動作。如果不是在爭吵的情況下，看到這個表情，可想而知他想保護自己心裡深處的秘密，才會以此自衛。

如果眉毛降低一半，表示他對此刻對方的舉動存在著一定的疑惑；眉毛完全降下則表示非常生氣，甚至已怒不可遏，如果誰還敢在這個時候去惹他，那就等於是在老虎嘴上拔毛——找死。

皺眉，你說的我不想聽

這大多會出現在對外界「否定」、「抵抗」、「心生恐懼」的表情上，或是他對眼前人的言論很不解，才會情不自禁地皺起眉頭。

有時候，我們會看到別人皺著眉笑，這種苦笑其實就代表了對方希望終結這段談話，一方面是因為你講的他根本就聽不懂，另一方面是他根本不想聽見你的建議，這時，還是適時地閉嘴，不用自討沒趣了。

✩揚眉，自視清高

一個挑高眉毛的人，是想逃離庸俗世事的人，通常有自視高深的傲慢表現。如果你看到對方雙眉上揚，表示他極度欣喜或驚訝，在這種情況下，他的心情起伏並非一般情況，如果你想告訴對方什麼重要的事，最好等他的心情平復了以後再說。

如果對方單眉上揚，表示他心中有疑問，可能是在思考你說的是否正確合理，也代表他正在懷疑你的言論真假，面對這種本來就心存疑竇的人，最好不要說假話，因為很快就會被拆穿。

✩聳眉，隨便你愛怎麼說

聳眉是指先揚起眉毛停留片刻後，再降下的一種動作，通常還伴隨著嘴角一撇，不過臉上其他部位卻沒有什麼明顯的變化。

這表示對方心中的無奈，或許是訝異，或許是心裡不舒服。另外，對方在

看到「倒眉」表情時，最好不要再嘻皮笑臉，不然你就真的會倒大楣了！

強調自己觀點的時候，也往往會出現這種動作，目的是想讓你贊同他的觀點。

☆倒眉，老虎快發威

如果此人眉頭向下、眉尾朝上，說明對方正處於極端憤怒的情緒中，看到身旁的人出現這種神情時，最好躲得遠遠的，因為老虎要發威了，如果你還在那邊嘻皮笑臉，就輪到你倒大楣了！

眉宇動靜之間，都會在無形中透露一個人的心境，正所謂「相由心生」。如果一個人成天擺出「八字眉」的愁苦相，也難以被委以大任，所以如果不希望別人看透你的心思，就要學著讓自己心情放輕鬆、處變不驚，即使真的遇上非常棘手的事，你也能安然處理。這樣那些總是喜歡大驚小怪、趁亂作怪的小人，自然無機可趁。

最重要的是，從簡單的眼相、眉相變化，你就已經突破了他們的心防，感受他人的心境，等於替自己先設下了一道防線，你心如明鏡，別人自然不敢在你眼皮底下搗亂。

3種倒「眉」小人相。

眉相和一個人的心念息息相關，連帶的也會影響到運勢，到底有什麼樣眉相之人我們應該要特別注意呢？以下從西洋相學中歸納出來的「衰運眉相」給讀者參考：

1. 雙眉相連、眉心相交：這類人不只氣量狹小，而且會因脾氣暴躁、心智混亂而做出一些法理難容的事，這種眉相在許多重大刑案的嫌犯臉上很常見，所以一定要和這種人保持距離，以策安全。

2. 眉毛稀疏、顏色過淡：這種人很情緒化、神經質，所以心機重，非常計較利害得失，當他為了自己的功名利祿，不會念在親情、友情和愛情，最終只能孤獨終老一生。

3. 頭尖尾散的掃把眉：眉頭太尖的人，疑心太大，又時常跟別人勾心鬥角，沒有容人之量，卻又膽小而心虛，因此很容易招惹小人，在互相猜忌下，便難得半日舒暢了。

上述眉相大多是由於性格上的缺點所引起的，只要修正性格，就會改善。假如遇到眉毛欠佳，雙眼卻藏神之人，他的人生會有很大的轉變，只是在情緒上有點敏感而已。

雙耳高低不一致，見人好就眼紅！

在卡通中，有時候可以看到伸長了雙耳這種擅長通風報信的角色，所以我們常說：「隔牆有耳。」是要防止重要機密被竊聽的意思。

現實社會中，還有許多人喜歡道聽塗說八卦、散播流言，讓人以為他見多識廣、廣結人脈，殊不知這只是他想像力比較豐富，空穴來風的消息也可以說得有如身歷其境一般，所以在探究小人心態時，不能不特別注意耳朵扮演的關鍵角色。

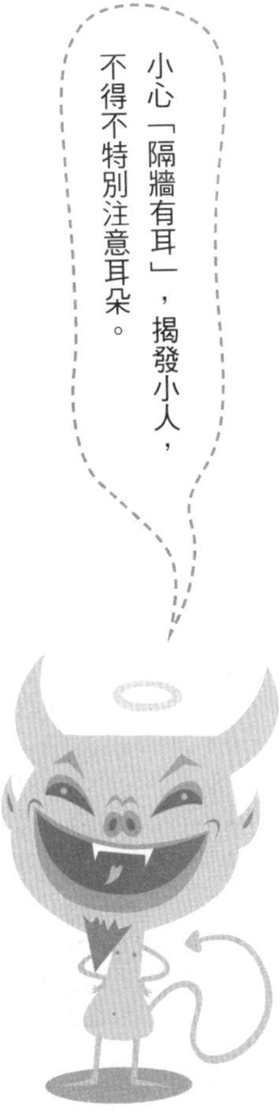

方頭大耳，企圖心旺盛

你可以先好好觀察身旁人耳朵的長相，再去對應他們的心理特質，很快地，你就能夠掌握這些人的基礎性格：

耳朵大小，決定了創造力多寡

大耳朵代表活力、積極、熱情、主動。因此，長著一雙大耳朵的人大多精力旺盛，待人處事總是充滿活力，所以他們的行動力也比較強。在他們看似平靜的內心裡，實則藏著豐富的想像力和勇於競爭的精神，當然，也具備天生的創造力。

中等耳朵也就是一般大小的耳朵。有這種耳朵的人往往性格穩重，他們雖然沒有這麼豐富的想像力，但是卻能突顯出他們的智力與邏輯思維能力。通常這種人做決定前總會經過深思熟慮，行事也會更加沉穩。

擁有一雙小耳朵的人，會對事物表現出自己特有的專注精神和觀察能力。這類人往往比較敏感，他們能夠準確地察覺事物的變化，而做出快速的反應，

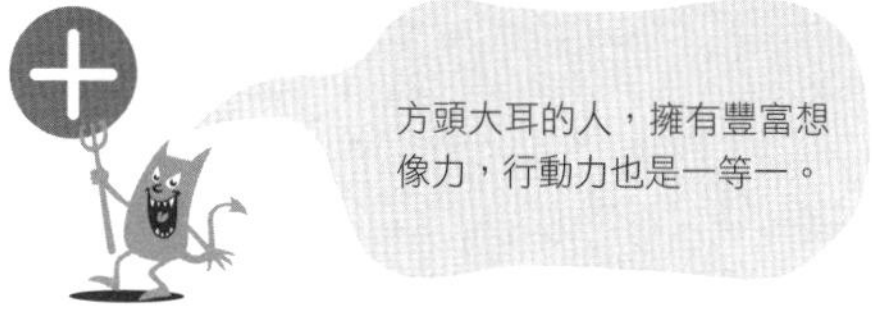

因此他們的反應力很強，任何變動都難不倒他。

耳朵太低，揪出虎頭蛇尾的壞毛病

耳朵的上半部反映的是一個人的行為能力，如果耳上緣高於眉毛的位置，這種人往往有堅持不懈的精神，無論做任何事情都能夠善始善終，是天生的領導者。相反地，如果耳上緣明顯地低於眉線，做事通常雷聲大、雨點小，空有一身抱負，執行能力卻不佳，有虎頭蛇尾的弊病。

而耳朵的下半部則代表一個人思考問題的能力。

耳朵下端如果明顯低於鼻端的人，通常性格比較內向，不善於與人溝通，但是如果能夠找到志趣相投的人，他們也會相處的很融洽，就看能不能順利找到「懂他」的人了！

耳垂大小，看行事冷靜或衝動

有耳垂的人性格比較圓滑，思考問題比較全面周到。這類人處理事情井井有條，不會因為一時衝動而行事，同時，溫和的性情使得他們能和周圍的人融洽相處。

沒有耳垂或耳垂過小的人，通常個性衝動，做事情又不夠積極，也缺乏奉獻精神，所以會給人成事不足、敗事有餘的印象。

✰招風耳，消息靈通

如果一個人的耳朵向前張開形成「招風耳」，這類人往往消息很靈通，同時他們能夠根據收集的資訊，做出正確的判斷，所以對事情常有獨特的見解。不過，因為思慮周密，這類人大多善於投機取巧，有時他們疑心病也很重，其實他們自己才是容易走漏機密的人。

而那些耳朵向後緊貼，從前面幾乎看不到耳朵的人，通常真誠實在，且吃苦耐勞。這類人往往能夠保守秘密，你告訴他的事情，他絕對不會轉身就告訴別人。

✰耳朵不對稱，容易心理不平衡

左右兩耳的對稱情況也可以表現一個人的性情。如果一個人耳型較好，且

內耳向外凸出的人，最喜歡唱反調，你越是禁止他，他就越有興趣！

左右兩邊對稱，這種人一般心胸寬大，對於別人出錯時，他們能夠寬容對待，甚至協助對方去解決問題。

反之，如果兩耳不對稱者，往往性格倔強、心胸狹隘，一旦面對比自己能力好的人，他們會心懷嫉妒，心生不滿之際，很有可能會趁機落井下石。

☆內層耳廓外露，天生反骨

從耳朵的形狀也可以看出一個人的性格。

內耳往外突的人往往叛逆心很重，他們聽不進別人的意見，甚至還有故意唱反調的性格。如果你禁止他去做一件事，他反而硬要去做。因為具有這種不服輸的個性，如果遇到他自己想要的東西，一定會堅持到底。

耳朵的型態非常多種，不過以上為較常出現的案例，可以拿來和身旁人的耳相做個比對，這樣或許你就知道該把任務交辦給誰，而不會誤信那些吹噓地天花亂墜的小人，而可以找到一個真正能夠託付並確切執行的對象。畢竟，看對人後，還要用對人，才能發揮讀心術的最高奧義。

小人照妖鏡

說話習慣摸耳朵的人，易小題大作。

每個人說話的時候，或多或少都會有些小動作，甚至「手的表情」比「臉部表情」更加難以掩飾。美國的《肢體財富》曾列舉了最常見的5種手部動作，加以分析其性格：

1. 說話時，不時地用手遮住嘴巴：這類人內向拘謹，無法與人分享內心的秘密。有些女人喜歡用手背遮住嘴，是在掩飾她對眼前人的好感。

2. 說話時用手摸鼻子：說話時不斷摸鼻子，就可能在撒謊。人在撒謊時鼻部組織會因充血而膨脹擴大，說謊者會因鼻子發癢而不斷觸摸。

3. 說話時用手摸眼睛：如果說話時不斷摸眼睛，有兩層意思：一是感到很疲乏；二是不同意對方觀點，想發表意見。有統計發現，一般人每小時至少摸一次眼睛。

4. 說話時抓頭髮或摸耳朵：這樣的人通常心思超級細膩，甚至有些敏感。有時別人認為是雞毛蒜皮的小事，在他們看來就是不得了的大事。

5. 說話時手指放在兩唇間：這表示他在說話的同時一邊思考，而不是信口開河。

臉型有稜有角的人更容易愛慕虛榮！

臉部是我們第一眼最直觀的部位，而且像眼、眉、耳部，還必須在近距離內觀察才可以得知其細節，進而推敲對方的性格。但是臉部卻只要遠觀，甚至當主管查看求職者的照片時就可察知，無疑是一個最簡單判斷陌生人個性的讀心秘器，不可不學。

以前，我們常常聽到人家形容小人「小頭銳面」，究竟這種臉型的人真的會成為奸詐小人嗎？還是別人的誤解呢？其實頭的比例較小的人，只是有點愛鑽漏洞，因為他們很謹慎怕事，會極力維護自己的權益，所以看起來比較小家子氣一些，稱不上什麼大奸大惡之徒啦！

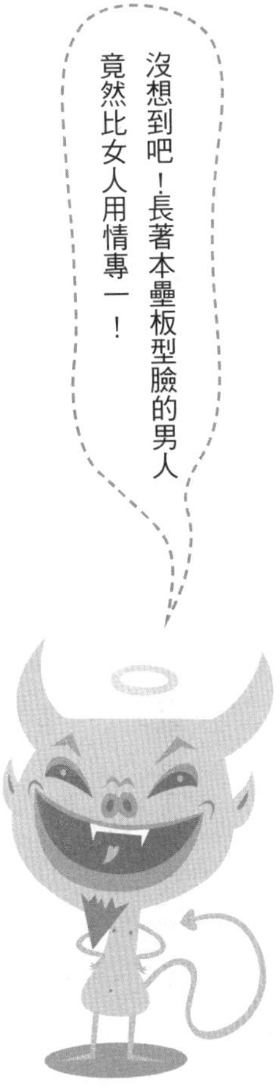
沒想到吧！長著本壘板型臉的男人竟然比女人用情專一！

從臉型看吃軟還吃硬？

以下歸結出幾種常見的臉型，讓你一眼就能辨識出對方性格，以爭取充分的時間可思索該與此人建立何種關係。

圓形臉的人，最適合服務業

擁有圓形臉的人體型也多半圓圓胖胖，給人一種豐滿圓潤的感覺。他們待人溫和，做事磊落大方，與任何人都能融洽相處，因此會有良好的人緣。

雖然這種人親和力強，偶爾也有任性的一面，有時做事缺乏細緻的思考。因此，他的熱心適合擔任一些服務大眾的工作，如果精細思考的工作，例如：工程師、醫學……等，出包的機率就比較大了。

蛋形臉的人，公私分明

這種臉型的特徵是瘦長，下顎明顯帶有圓弧感，額頭清晰且寬廣圓潤。擁有這種臉型的女性多半是美女。

這類人通常適應性強，思考問題比較理性，遇事頭腦冷靜，能夠針對問題

做出正確的判斷。而且因為他們的自尊心很強，辦事能力也不錯，所以能夠贏得旁人的認可。

不過，也由於他考慮問題時過於細節、全面，使得神經過於細膩，缺乏耐性，有時候可能會因為小事而變得消沉。

這類人還具備公私分明的特性，即便是感情再要好，也不能與之過分糾纏或擅自做主，否則只會引來反感。

☆四角形臉的人，有強烈正義感

四角形臉的特徵是臉形方正，下巴呈四角形，顴骨較發達。

這類人通常口大且唇薄，這種臉形多半會出現在運動員身上。他們往往做事積極，對於決定的事情一定堅持到底，即便遇到困難，也會毫不氣餒，勇往直前。

這種人身上有一股強烈的正義感，能夠幫助別人的事，一定會鼎力相助。

不過人際交往時，他們不會為了一點小事而遷就他人，有時會因缺乏通融性，容易與人起衝突。

☆本壘板形臉的人，男女性格落差大

這種臉型的特徵是顴骨到下巴的線條非常明顯，擁有這種臉型的人，體格健壯、帶有陽剛氣。

這類人往往熱情開朗，對人體貼且富有同情心，絕大多數人都能和他人打成一片，但他們不會把內心感情表露出來。

如果是男人的話，這種臉型的男人通常思想傳統，不善於和女人交流，很重感情，對自己喜歡的女人會非常專一。如果是女人的話，她們反而會熱衷於與異性交流而樂此不疲。

☆倒三角形臉的人，難以接近

倒三角形臉型的特徵是額頭較寬，臉形往下巴方向變窄，形成倒三角形。這種臉形其實臉部很小，擁有這種臉型的人通常身體也會瘦弱嬌小。這類人表情嚴肅，還有潔癖，如果遇到不符合心意的事情，性格會變得很急躁。

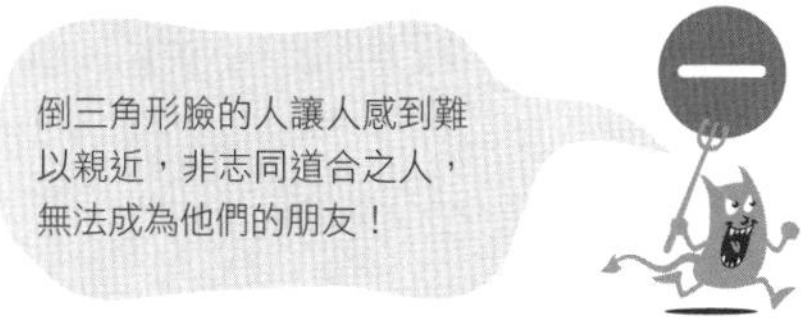
倒三角形臉的人讓人感到難以親近，非志同道合之人，無法成為他們的朋友！

他們平時看來優柔寡斷，但如果決定要做一件事，則會表現出非常專注的一面。此外，他們多數都帶有難以接近的氣質，因而使人感覺難以相處，要接近這種人必須以感性進攻，如果沒找到志同道合的朋友的話，他們的人際關係可能不太好。

☆混合形臉的人，較愛慕虛榮

這種臉型沒有什麼明確的特徵，但是有些人臉孔會比較有稜有角，或額頭小顴骨寬大，也可能會綜合了以上幾個方面。這種臉型的人往往思想頑固且不服輸，有些人還會愛慕虛榮。他們如果遇到志趣相投的人就能融洽相處，但是只要有一點不滿意便會把對方全盤否定。

不同的臉型，就代表不同的性格，但是應用在實際生活中也不能一概而論。還需要綜合其他方面，以免判斷失誤。

臉寬的人比較暴力？

據英國《新科學家》雜誌報導，加拿大的布魯克大學心理學系、神經科學中心的賈斯汀．卡爾和謝瑞爾，麥克米克研究發現，從男性臉部的寬度（兩頰間的最寬處），以及高度（上嘴唇到眉梢之間的長度）的比值，就能預測出他的性格，以及是否具有暴力傾向。

為了找到人類臉部與暴力傾向的關聯，他們做了三組實驗。第一組是志願者，第二組和第三組分別是大學曲棍球隊隊員和加拿大職業曲棍球隊隊員。

在此測試中發現，臉部寬高比越大，男性進攻性越強，女性則不存在這種規律。

神經學專家麥克米克說：「我們吃驚地發現，男性臉部的寬高比和為爭取進球而被判犯規的次數居然有關聯，似乎測量一下臉部尺寸，就可以知道他的暴力傾向。」

因為曲棍球是一種進攻性非常強的運動，在比賽過程中，運動員可以合理

地「施暴」以爭取進球，而這種「施暴」的程度可以透過被處罰犯規的次數量化地呈現。

在隨後的兩個實驗中，卡爾和麥克米克收集了二十一名大學曲棍球隊隊員和一百一十二名職業曲棍球隊隊員的照片。經過計算臉部寬高比後發現：臉越寬的隊員，越會進攻，被裁判處罰的次數也越多。

為什麼臉形與性格之間會有聯繫，卡爾表示還不十分清楚，也不能確定這種測試的準確率有多大。但他認為：「人從青春期開始出現顯著的第二性徵是由激素控制，尤其是睪丸激素的作用很大。現已發現，睪丸激素的含量對人的暴力傾向有直接作用，也許，睪丸激素對長相也有影響。」

不過，也有人不認同這個實驗結果。

美國布蘭代斯大學心理學家萊斯利·查布羅維斯認為，這個實驗結果不能印證男性臉部特徵和睪丸激素的相關性結論，這只是對男性娃娃臉社會效應的一種心理補償。

他進一步說明：「一般我們都覺得如果男性長著寬寬圓圓的娃娃臉，應該也有溫柔乖巧的性格。一旦他們發脾氣時，我們對他的心理預期就會大打折扣，人們會覺得這些娃娃臉男人過分兇猛，所以你就會得出寬臉男比較凶的結論。」

這些特別針對臉部的實驗研究可以證明，即使我們學會讀心術，也不能夠以偏概全地去論斷一個人的特質，必須多方觀察、探究後，才能完整了解一個人的性格，而讀心術就提供了我們最佳的判斷基礎。

就像在職場打滾已久的老鳥，自然有一套識人的經驗法則一般，可以適時地「趨吉避凶」，讀心術的捷徑則可以幫你節省時間，將各種特徵濃縮後的原型呈現在你眼前，至於要和此人交好、還是交惡，就全憑個人的喜好了。

小人照妖鏡

倒三角形臉，給人帶來威脅感。

在卡通片中，壞人總是面目可憎，孩子們幾乎第一眼就能認出誰是大壞蛋。

日前據《每日郵報》報導，英國華威大學近日研究發現，倒三角型的臉會給人帶來威脅感，這正與卡通片中壞人多數是尖下巴不謀而合。

來自華威大學的科學家向30名志願者展示了數百張大頭照，讓志願者來猜照片裡的人性格溫柔還是生性殘忍。

而且，科學家們在照片中的人臉周圍放置三角形。試驗結果表明，當倒三角形出現時，志願者們能更快辨認出照片中主角的消極情緒，而辨認積極情緒時則比較慢。

華威大學的心理學博士Derrich Watson說：「這是因為簡單的幾何圖形會對人的感情產生影響，進而影響到這些志願者的判斷。」對試驗結果進行分析可以得知，尖頭向下的三角形會給人帶來負面情緒，人們將其視為一種威脅，所以能迅速識別它。

這樣我們就不難理解，為什麼小朋友總是能一眼認出卡通中的反派，並指著他們說：「他是壞人！」。

嘴唇薄如刀，說的總比做的多！

有時候，我們會開玩笑地稱嘴唇厚的朋友為「香腸嘴」，但是時下的女性卻對擁有一張「香腸嘴」趨之若鶩，許多人甚至去打玻尿酸進行微整形，以讓自己的唇部看來豐厚性感，還有國際知名化妝品牌推出擦了會「微腫」的口紅，就像吃完麻辣鍋的烈燄紅唇一般，可見得大家對嘴唇的厚度和「性感」印象畫上了等號。許多好萊塢的女星，不論是早期的瑪麗蓮夢露，或是育有六子卻依然引人遐想的安潔莉娜裘莉就是經典厚唇的代表。

除去美貌之外，在我們認知中，也覺得厚唇者較情深義重，下一次和情人接吻之前，先偷偷觀察他的嘴唇形狀，再決定要付出多少真心吧！以免被薄情

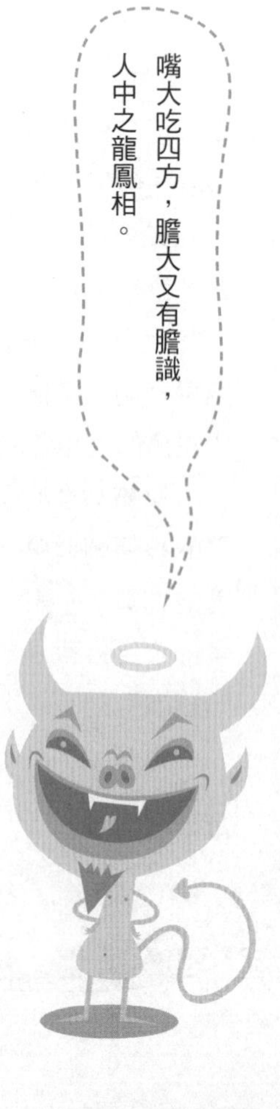

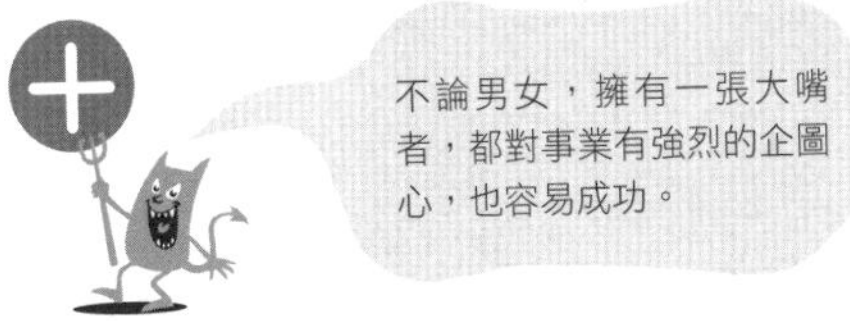
不論男女，擁有一張大嘴者，都對事業有強烈的企圖心，也容易成功。

狼拐了還人財兩失就欲哭無淚了！

從唇形看他是否心狠手辣

古時的面相學認為：「唇以厚紅為佳，上下對稱為美，忌薄小，收縮、缺陷、尖撮不起。唇掀、唇卷、上下唇不稱、唇黑、唇青、唇白，這些均非善相。」現在我整理出幾種「觀唇」的方法，以提供讀心識人的切入點：

從臉比例看嘴大還是小？

嘴唇輪廓大則表明此人膽量大，這類人往往敢於冒險且富有生活情趣。他們對任何事情都有自己的看法，而且行動力強，往往能夠有所作為，以好萊塢女星為例，演出《永不妥協》電影的茱莉亞·蘿勃茲就是一個非常典型的代表，由她來詮釋這種帶有氣勢、自信的角色是最合適不過。因為這類女人不甘寂寞，她們可能喜愛參與社會活動，還富有男性氣概。

而男性似乎也是嘴大比較吃香。像電影都要訴諸「大製作」的好萊塢，對於當紅的男星似乎也有這種嘴大吃四方的通則可循。

曾有一位好萊塢知名的面相師比利·拉斐爾認為，男星的身材還在其次，最主要是五官，最好是濃眉大眼、鼻挺嘴大，他更拿出照片舉例，像知名影星史恩康納萊、艾爾帕西諾、勞勃狄尼諾這些歷久不衰的演員，都符合這些特性。

因為男人如果嘴巴大，必定性格外向，並且具有雄心和魄力，只要在自己力圖發展的領域，相信都能打下一片天地，台灣知名的企業家郭台銘也可說是嘴大事業強的代表人物。

而嘴唇輪廓小的人，往往思想保守，缺乏冒險精神，此類人處事比較謹慎，對於生活中的新鮮事物缺乏嘗試，因此難以成就大業。

如果嘴唇輪廓起伏明顯，則表明他富有內在魅力。他們個性爽朗，感情豐富。這種唇型在戲劇的演員之中，也可常常看見。

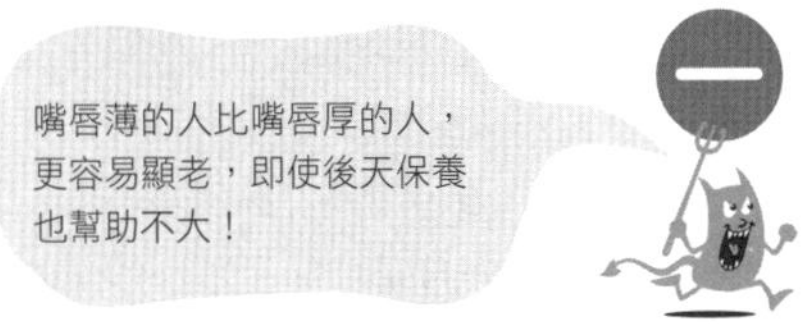
嘴唇薄的人比嘴唇厚的人，
更容易顯老，即使後天保養
也幫助不大！

唇厚心厚，唇薄心薄？

由英國聖安德魯斯等七所大學曾進行一個跨國報告，以荷蘭一百零二對59歲至81歲的雙胞胎姊妹，和英國一百六十二名45至75歲的白人婦女為研究對象，比對她們的外貌特徵，研究遺傳基因和外在因素對相貌的影響。

結果發現，實際年齡相近者，嘴唇越豐厚緊實，外貌就看起來年輕些，而嘴唇薄而鬆垮的人，反而容易顯老。例如：女星史嘉蕾·約翰森就因豐唇而佔外貌優勢。

參與研究的專家岡恩指出，人的嘴唇厚度會隨年齡而變化，嘴唇在成年初期會達到高峰，到30、40歲就逐漸變得乾癟，到60歲以後，有人嘴唇薄到只剩零點三公分厚度，有人卻仍呈現健康的二點二公分厚度。而嘴唇厚度老化變薄和白頭髮與髮線後退一樣，全由遺傳基因所控制，後天保養的幫助不大。

所以有些女性會考慮注射膠原蛋白或矽膠來豐唇整形，但岡恩並不建議中老年婦女去豐唇整形，他說：「滿布皺紋的臉配上厚唇，看起來反而更奇怪。」

不只現代醫學如此報導，自古的面相學就認為，唇厚的人比較是富貴長壽之相。厚唇的人心思縝密細膩，考慮問題比較全面，他們通常感情豐富，敏感，也比較會照顧家庭，是比較有人情味的人，也會為了照顧自己心愛的人而擁有較強的忍耐力。

而唇薄的人一般性格好辨，且機警伶俐，具有隨機應變的本能。這類人表面上看來比較堅強，實則內心很怯弱。雖然遇到問題的時候能夠沉著冷靜，但是比較不近人情。

☆唇黑，心腸也黑？

許多女人會用點綴唇色以加強好氣色，英國的化妝品網站統計報告也指出，紅色系的口紅顏色，可以帶給女人較多的自信，所以愛擦紅色口紅的女人事業也比較容易成功。

這個網站還統計出使用各種口紅顏色的女人性格類型：

1. 愛情生活美滿的女性喜歡的口紅顏色：淡粉色、珊瑚紅、亮紅色、暗

感情生活美滿的女人通常喜歡淡粉色、珊瑚紅、亮紅色、暗紅色、亮澤色的口紅。

紅色、亮澤色。

2. 事業成功的女性喜歡的口紅顏色：亮紅色、裸唇、深紫色、紫紅色、珊瑚紅。
3. 事業不太成功的女性喜歡的口紅顏色：淡粉色。
4. 性感的女性喜歡的口紅顏色：暗紅色、亮紅色、珊瑚紅、桃色。
5. 毫不性感的女性喜歡的口紅顏色：亮澤色。
6. 深感自信的女性喜歡的口紅顏色：暗紅色、亮紅色、紫紅色。
7. 不自信的女性喜歡的口紅顏色：裸唇。
8. 快樂的女性喜歡的口紅顏色：淡粉色、亮澤色、裸唇、桃色。
9. 最不快樂的女性喜歡的口紅顏色：紫紅色。

這個研究報告似乎也呼應了唇相的論點。單從裸唇的顏色來看，唇色紅潤表明精力充沛，這類人往往行為能力強。他們性格活潑好動，屬於外向型性格；而嘴唇青白的人健康可能存在問題，這類人多數生活懶散，想法也比較悲觀，做事消極，同樣意志力也不夠堅定。

至於唇色暗黑的人則心腸狠毒，喜好搬弄是非，所以感情生活自然也不太順利。

☆嘴形性格大PK

1. 櫻桃唇形的人：多性情溫和，且感情豐富。這種口型多為女人所有，擁有這種唇形的女人都很愛美，且溫柔多情。

2. 四方唇形：多為男人所有，擁有這種唇形的男人能力較強，他們比較注重實際，但也很會享受生活。

3. 嘴唇如吹火狀的人：這種人能力不好，做事還缺乏果斷。

4. 唇的兩端低垂的人：性格比較奸詐，心腸狠，並且貪心。這類人一般性情抑鬱，且脾氣古怪。他們很容易發怒還比較固執。

5. 唇的兩端上翹的人：生性樂觀，無論遇到什麼問題，他們都能看得很開，因此生活也比較順利。

6. 寬大飽滿嘴唇的人：往往嚮往自由，喜歡無拘無束的生活，自我意識

也比較強烈。但由於過度的追求自我，使得他們顯得有些任性，甚至有點為所欲為，他們通常喜歡體驗不同的生活。

7.唇形比例均勻、弧度優雅的人：往往性格內向，他們對人真誠實在，缺乏主動性。

8.唇型寬大但比較均勻的人：性格沉穩，但樂觀向上，做事有主見，具有堅強的個性，具有領導者的特質。

9.上下唇型皆薄且輪廓小而內斂的人：通常頭腦清楚，隨機應變能力很強，他們往往很理智。

如果能夠把這些知識運用在觀人方面，相信你也可以第一眼就認清，做個慧眼識英的社交高手。

唇的變化表真情

除了嘴唇與性格的對應之外，在我們與人交談時，也可觀察其唇形的變化來了解他對談話內容的興趣，以判斷是否值得繼續交談下去。

✡ 嘴角往上才是真笑

真笑時，嘴角會向眼睛的方向上揚、眼睛微瞇；而假笑或「禮貌的笑」時，嘴角則被平拉向耳朵的方向，眼中沒有任何感情。

談話時，如果看到對方嘴角上揚，對於談論的內容可以趁勝追擊；如果得到假笑回應時則應重新審視自己的觀點，或暫時擱置、轉開話題。

✡ 抿嘴唇說明壓力大

在壓力狀態下，拉緊嘴唇是最普遍的反應，例如不少證人在出庭時經常會這樣做。擠壓嘴唇彷彿是大腦告訴我們：「閉緊嘴，別洩露真實的情緒。」當嘴唇完全被隱藏起來，伴隨著嘴角下拉時，說明此人的情緒和自信已跌至谷底。

✡ 嘟嘴唇表示不贊同

嘴唇緊縮是防止自己說出什麼不好的東西出來，而嘟起來的嘴唇則彷彿是

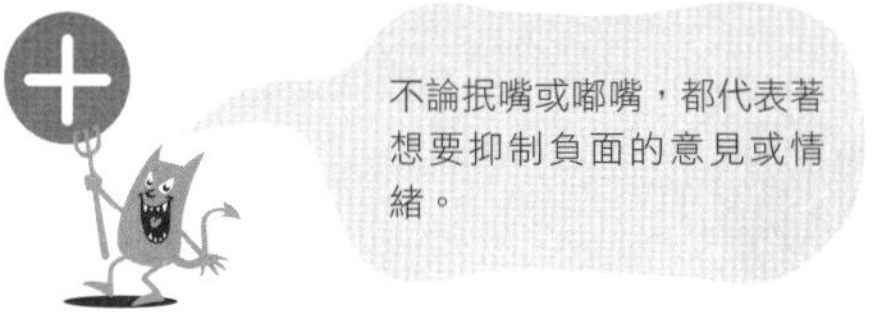

在拒絕什麼，所以別人這麼做，說明他不同意你講的內容，或正在醞釀著轉換話題的情緒。

舔嘴唇是安慰自己

當壓力很大時，人會感到口乾舌燥，於是會用舌頭舔舔嘴唇，讓它濕潤些。同樣，感覺不自在時，我們也會反覆用舌頭摩擦嘴唇，以此自我安慰，並讓自己鎮定心緒。

吐舌則表示一種僥倖心理

當人們被發現正在做自己不應該做的事情時，或者做錯事時，就會有這種下意識的反應。其心中的ＯＳ會隨情境不同而有所轉變，大致為：「啊！被抓到了！」、「竟然成功了！」、「跟你開玩笑的！」……等情緒。

綜合以上各種唇相先天和後天的型態，下次和人聊天時別忘了觀察一下對方的嘴唇，就可以知道此人是否「言行一致」了！

直擊劈腿者和第三者的長相。

當你濃情蜜意自以為覓得良緣之際，最害怕遇到「劈腿男」和半路殺出的「第三者」，為大家總結兩種「愛情害人精」的面相，讓你睜大眼不會再遇人不淑！

劈腿男的5種面相：

1. 眼睛圓大：天生的多情種子，對人過分熱情關心，易喜新卻又不厭舊，所以常在三角戀中周旋。

2. 眉毛亂：心也亂，常拿不定主意，不會判斷是非好壞，遇到外界誘惑，很容易做出越軌行為。

3. 眼珠凸：花心漢，他追求刺激，討厭平淡乏味的生活。

4. 鼻子大：戀女色，鼻大而有肉的男性，代表有權有勢，因此常吸引女人的垂青。

5. 睫毛長：太多情，表示他常因感性而影響了理性的思考，可以同時愛上不同的人，並且不顧後果。

小三女的3小面相：

1. 眼小：感情執著，不惜背負「第三者」的道德壓力。

2. 聲小：講話嬌滴滴，不會和元配爭的宿命。

3. 嘴小：感情容易遭人誹議，定力不足，婚戀不順。

門牙有縫隙，守不住任何秘密！

當一個人生氣的時候，我們常會說此人氣到「咬牙切齒」，可見得「牙齒」其實也是人類詮釋表情的一環，不能輕易忽視。

而我們對「牙齒」其實也有一些既定的印象，例如：有「兔寶寶牙」的人，會覺得很可愛；而牙齒凌亂的人，似乎也會影響觀感，所以這也是為什麼「牙醫門診」總是門庭若市的原因。

據研究證實，牙齒其實與腦部健康有明確關聯。

美國與丹麥的研究人員發現，牙周與口腔疾病患者出現認知障礙的機率較口腔健康者要多九倍，罹患阿茲海默症的風險也比較高。

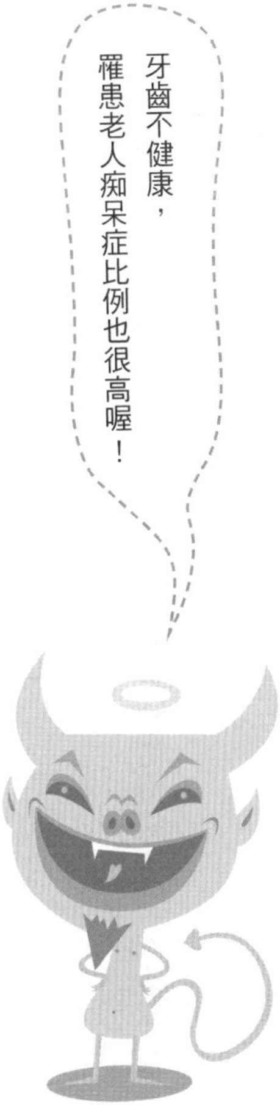
牙齒不健康，
罹患老人痴呆症比例也很高喔！

英國精神病學家與牙醫師們，針對數千位20到59歲的受試者進行研究後發現，牙齦炎與牙周病造成認知功能退化的現象，不只是老年人的專利，也普遍存在於成年人中。

由此可見，牙齒的外觀確實會影響到一個人的身心，所以我們也可藉此來初步論斷一個人的個性。

各種「牙相」，揭開性格上的漏洞

因為牙齒是隱藏在嘴唇之內，所以有時不容易看仔細。現在從外觀上簡單就可看出的判別方式，作為性格分析的依據。

牙齒大小就能看外向、內向

擁有兩顆大門牙、笑起來像兔寶寶的女孩，總是讓人覺得稚氣可愛，其實牙齒的大小、形狀，也和一個人的性格息息相關。

1. 牙齒大的人：他們往往直覺較敏銳，充滿活力，但性格粗獷。這類人

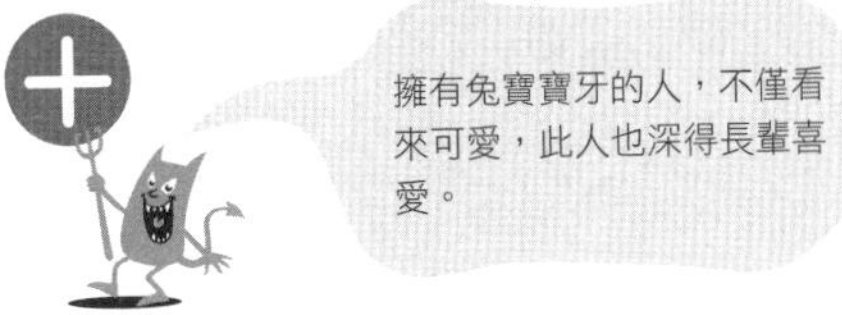

善於思考問題，他們為人真誠，對工作也很熱忱。他們的缺點是做事情的時候有些自私。

2. 牙齒小的人：他們性情溫順，內心感情豐富，能夠體貼關心他人，因此人緣很好。在遇到問題時，他們往往能沉著冷靜，但是有時做事過於拘泥於形式。這類人的性格太敏感，因此會讓他們顯得有些神經質。

3. 牙齒大小不一的人：他們做事雖然認真細緻，但是因為沒有什麼耐心，所以往往只是嘴上說說而已。生活中，這類人通常精打細算，做事考慮周全，但是因為沒什麼耐力，因此不可能有什麼大的作為。

4. 兩顆門牙大小適中、形狀方正的人：他們思慮周詳，心思縝密。這種人做事總會考慮詳盡，確保萬無一失。

5. 上下牙齒都很小的人：他們不僅警戒心強、嫉妒心也深。

6. 門牙大而整齊、中間沒有縫隙的人：他們通常性格天真活潑，率直開朗，深得長輩的歡心和寵愛。

暴牙者易得罪人而不自知

在許多卡通中，常有一些牙齒外突的暴牙角色，其伴隨而來的總是傻氣、爆笑的形象，實際上，向外傾斜或向內傾斜的牙齒長相，是否也能看出個性端倪呢？

1. 牙齒疏密有致、排列整齊的人：做事認真、負責，勇於面對問題。這類人做事會按部就班，因為他們追求平靜穩定，不喜歡置身於變化的環境。也往往因責任心強，因而容易受到他人的尊重，故而有較高的威望。

2. 牙齒向裡傾斜的人：他們對事物的接受力很強，敢於追求新鮮刺激的事物。這類人頭腦靈活，富有創意，對事物有獨特的見解，做事追求另類突破。雖然有時他們會成為別人眼中的怪咖，但卻引以為傲。這類人唯一的缺點就是心眼小，要是不小心惹惱他們的話，可能會遭到報復。

3. 牙齒外突的人：多數性格直爽，心直口快，做事大咧咧。這類人有時候講話不經過大腦的思考，加上他們容易忽略一些細節，所以常常會得罪別人而不自知，容易與他人發生衝突，卻不懂得退讓。這類人通常固執己見，以自

我為中心。有時候可能為了吸引他人的目光而故意行為誇張。

☆牙齒不整齊，口不擇言

除了從牙齒的大小、形狀、排列方式之外，還有幾種比較特殊的牙相，各自代表了與眾不同的性格，下次看到時，可以提醒自己特別注意一下。

1. 牙齒沒有縫隙，排列整齊而緊密的人：不僅身體健康，而且為人又謹慎，能夠明辨是非。這類人能夠與周圍的人融洽相處，與他人交往總是實話實說，值得信任。

2. 門牙有縫隙的人：性格真誠實在，沒有什麼心機，但通常口不擇言。他們喜歡批評別人，因而經常開罪人也不自知，所以人緣也不可能太好。有時候他們會在無意中就把秘密洩露給別人，所以註定保守不了秘密。

3. 齒形尖尖，疏而不齊的人：往往喜歡搬弄是非，經常在人背後說三道四，因而樹敵太多。由於人際關係不順心，所以更容易發脾氣。

4. 牙齒重疊的人：性格活潑開朗，個人能力很強。但是這類人往往驕傲

自大，有時候難免會產生自負心態。雖然個人能力強，讓他們工作做得很出色，但是自負會讓他們與周圍的人難以相處，身邊沒幾個真正交心的朋友。

不過從牙齒辨識人性，或許也要參考各國文化的不同。像有「牙縫情結」的法國人，就認為性感大牙縫配烈焰紅唇，才屬美艷動人，看最近被香奈兒欽點的代言人招牌牙縫女星Vanessa Paradis就紅到不行，巨幅海報更是在國際專櫃遍地開花。

所以即使看到「牙縫男」或「牙縫女」，只要諄諄告誡自己：千萬不要把太隱私的事情告訴他，管好自己的嘴，就不用提心吊膽度日了！

小人照妖鏡

睡中磨牙，是為了逃避現實壓力。

口腔生理學與心理學都一致認為，口腔是人體最早感受到興奮的原點，也是與外界交流的管道，而且口腔還具有表示緊張、悲觀等情緒的功能。

當今人們的生活節奏不斷加快，競爭也越來越激烈，每一個人都試圖驅散生活或工作中的種種壓力，其中一個有效的方法就是從事休閒運動，而有些人的表現則為磨牙。

有研究者對80對磨牙患者和無磨牙症者做對照研究，為每個人做個性測定。結果表明：性格內向、壓抑，特別是情緒不穩定、易緊張等個性是磨牙症發病的重要因素。也就是說，磨牙症者與非磨牙症者相比，更容易悲觀。

許多學者在研究中發現，口腔疾病在磨牙症的發病原因中並不重要，反而是心理因素佔據了首要位置。

從精神分析角度來看，磨牙代表受挫和焦慮的心理狀況，屬於潛意識中的心理壓力，特別是在生氣、焦慮、憤恨、悲觀和受虐待時，會更為嚴重。當人開始產生逃避潛意識的心理壓力時，在夢中或睡眠中就會磨牙。

指甲留太長，擺脫不開權力欲！

美國《心理科學近期趨勢》曾刊登一項最新研究發現：「用手習慣」（左撇子或右撇子）會影響到一個人觀察世界的方式。

實驗結果顯示：「右撇子」更傾向於認為位於右手邊的事物更重要；左撇子則正好相反。這是因為用手習慣的那一側，讓人感覺最舒服，而這種舒適感會讓人認為相應一側的東西「更好」。

可見得用手的習慣對一個人的生活影響甚廣，所以交友時，從雙手透露出的資訊，也可以作為判斷他人心理特徵的依據，許多想要透過表情掩蓋的心理暗示，都會從手部不自覺地釋放出來。

喜歡塗抹鮮豔指甲油顏色的人，是希望自己可以吸引別人目光。

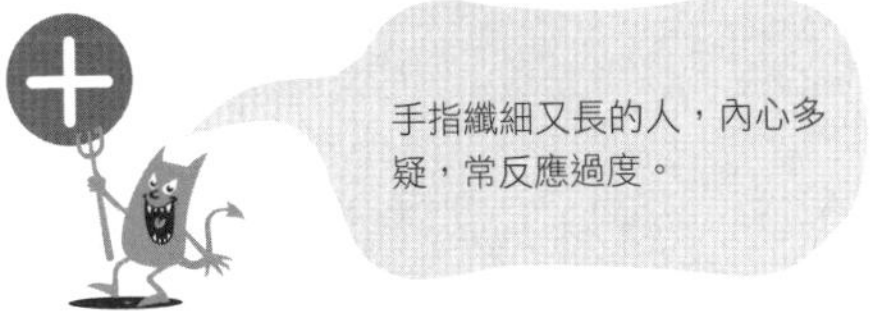

從手的外觀看「心相」

那麼，雙手可以透露出哪些資訊呢？主要從雙手的形狀和指甲外觀進行分析：

甜不辣手指的人，責任心重

1. 手指修長纖細的人：有著纖細手指的人大多內心敏感，無論是生活還是工作中，都會對一些事情過分的猜疑，使他們顯得疑心病重，為自己帶來不必要的麻煩，更不利於人際關係的發展。

2. 手指粗短的人：態度積極，責任心也比較強。一旦做出決定，他們會馬上採取行動，並且全力以赴。但這種人的缺點就是，有時候會比較固執，聽不進別人的建議和意見。

指甲太長的人，漠視他人感受

1. 喜歡留著長指甲的人：好勝心比較強，而且有強烈的佔有欲。他們會為了爭取自己的利益不惜犧牲他人。所以往往很容易招惹是非，這都是因為他們缺乏同情心，從不在乎他人感受的緣故。

2.喜歡塗抹鮮豔指甲油的人：內心非常愛美，同時也有強烈的表現欲。他們總希望自己的一舉一動可以吸引更多人的目光。

3.喜歡塗抹淡雅指甲油的人：雖然內心也愛美，但是性格會稍微內斂一些，不喜歡過度張揚自己的個性。

看穿手部的小動作

人的大腦皮層除了控制臉部的動作之外，絕大部分就是用來控制手部動作。每個人說話時都會做點小動作，這些小動作也會洩露你的心理秘密。以下是最常見的幾種手部動作：

用手抹嘴、捏鼻子，習慣聽命於人

有這類習慣的人多數屬於被人支配型，別人要他做什麼，他就做什麼。他們大都喜歡捉弄人，卻又非「敢作敢當」，比較嘩眾取寵。

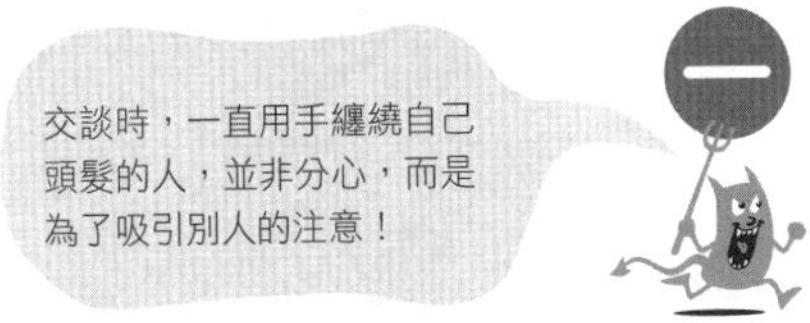

摸鼻子這個動作通常意味著：他心裡雖然不願意，但是仍會去執行的反應，這時他內心充滿著想要反抗卻又無可奈何的心情。

用手抹頭髮，重視事業遠勝家庭

這類人通常性格鮮明，個性突出，愛恨分明，嫉惡如仇。他們善於思考，做事細緻，但常常因為對事業的追求而忽略了家庭。

經常用手纏繞頭髮的人，往往性格比較外向，自我表現欲強。他們想透過自己的動作來吸引他人的注意，成為眾人中的焦點。這類人喜歡收藏一些自己認為重要的東西，儘管在他人看來，這些東西根本沒有任何價值，但是他們卻樂此不疲。

用手輕敲頭部，不是有愛心就是壞心

習慣拍打前額的人，一般都心直口快，為人坦率、真誠，富有同情心，值得信賴，比較會為別人著想。

習慣拍打腦後的人，通常對事業非常執著，並且具有極強的開拓精神，不

得不讓人欽佩。但他們卻容易對人苛刻，還喜歡利用人。

掰指關節，愛鑽牛角尖

這類人很健談、精力旺盛、但也喜歡鑽「牛角尖」。

他們對事業、工作的環境很挑剔，只要喜歡做的事就會全力以赴，反之則是天壤之別，如果勉強他，他會極力抗拒，算是非常任性的個性。

比手畫腳，具有領袖性格

說話時，習慣用各種手部動作來搭配語言的人，大多性格外向，做事果斷、自信心強，習慣把自己塑造成領導型人物，具有男子漢的氣魄。

他們對朋友真誠，但不輕易把別人視為知己，而踏實肯幹的性格使他們的事業大多小有成就。

手插口袋，城府深沉

有這種習慣動作的人，性格較保守、內向，不輕信他人，城府較深，做事步步為營，不輕信他人，也不輕易向人表露內心的情緒。

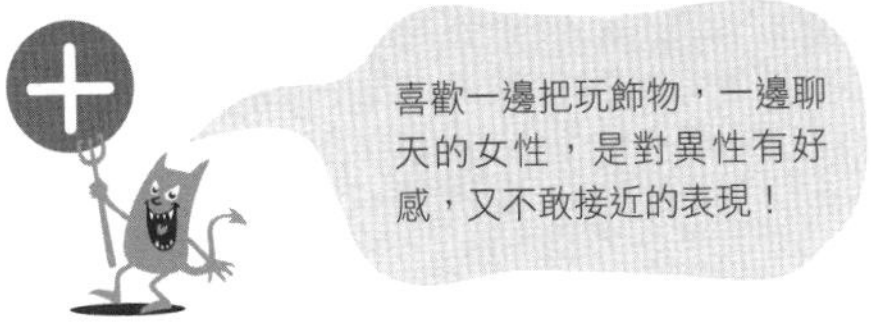

把玩飾物，掩飾內心情感波動

這個動作常出現在正與異性相處的女人身上。她們做事認真、性格內向，雖然情緒容易波動，卻不輕易讓情感外露。即使早已內心澎湃，也會保持表面的平靜。她把玩飾物並非對對方不在意，而是希望談話繼續，卻又不敢輕易接近的表現。

喜歡把手緊緊地抓住，缺乏安全感

這表明內心害怕，這類人比較缺乏安全感，他們經常處於防禦的狀態，以便隨時做出有力的反擊。

潛意識裡，他們希望雙方可以井水不犯河水。如果對方要是壞了他的規矩，那麼就會做出有力的回擊。不過緊握的拳頭也表明了這種人重情，富有同情心且善解人意的一面。

經常把手放在背後

說明他的內心非常自信，而且已做好了隨時出擊的準備，所以才顯得信心在握。這類人性格多沉著老練，為人謹慎，在強烈的自我防衛意識下，把自己的雙手放在背後，希望可以顯示出自己的氣派，同時還對自己內心的策畫而洋洋得意。

指甲形狀暴露性格

指甲和手指一樣會暴露個人的性格，而根據指甲的色澤或形狀也能了解此人心態，請仔細地觀察：

有四角形指甲的人，愛恨分明

指甲四角形顏色又深的人，是屬於愛恨分明的人，動怒之後即雨過天晴。相反地，指甲泛白的人是屬於糾纏不休的類型。

而四角形又很小的指甲，是屬於心胸狹窄又任性的人。

正方形指甲的人性格正直，做事認真、敬業，因自己的付出而有穩定的財運，在愛情方面他們愛恨分明，最恨騙他們感情的人，他們信任以誠相待的朋

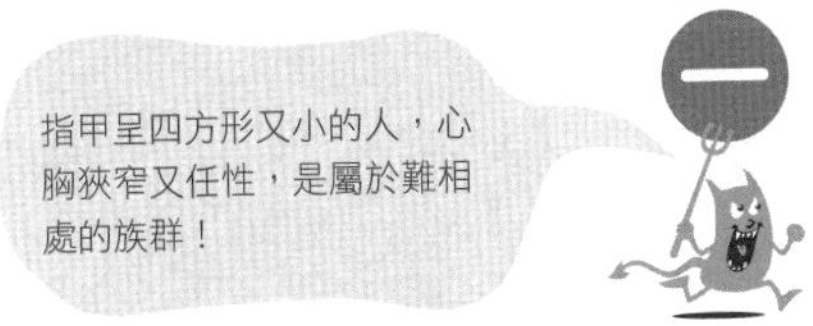
一
指甲呈四方形又小的人，心胸狹窄又任性，是屬於難相處的族群！

友，最不喜歡和偽善之人交往。

有拱形指甲的人，易被人欺

這類人不好爭執，個性溫和、敦厚。即使不得已必須和勁敵競爭時，也不會暴露企圖心。這種人只有在自尊心受到傷害時，才會勃然大怒。

有長方形指甲的人，潔癖又神經質

他們是成熟而穩健的人，遵守規則，做事有條有序。

這類人因潔癖而喜好整理，經常檢視自己周遭的環境，討厭弄髒自己雙手的工作，會讓人覺得有點神經質。

他們做事沉穩，性格比較溫和，行事大器，敢作敢當，男的有男子漢氣魄，女的則易成為女強人，事業心很強。

有圓形指甲的人，善解人意

這類人處事機敏，事業和財運上不喜與人爭強好勝，常常是默默無聞做自己愛做的事，在感情中他們卻十分體貼另一半，不管男女，婚後都很顧家。

☆有鑽石形指甲的人，是千金大小姐

這類人恭謹有禮又典雅，是屬於舉止高雅的千金小姐，也常常是眾人嚮往的目標，不過，碰到某些特殊情形，他可能會突然勃然大怒，變得有些歇斯底里而令旁人大吃一驚。

現在美甲產業已成為美容業的一環，許多女人都流行去做指甲彩繪，所謂相由心生，其實喜歡把指甲做得美麗修長的女子，大多也在工作上不讓鬚眉；而為了方便照顧家庭或工作而將指甲修得整齊短小成四方狀的女性，也呼應了前述此人穩定付出就會有相對收穫的特質。

所以識人的重點並非在辨別其是「先天」或「後天」，而是型態結合個性去做論斷，這樣才不會因思考過於紛雜，而誤判了眼前的形式。

小人照妖鏡

從指甲油顏色，看潛在性格。

因時下多愛以指甲油作為美甲的點綴重點，所以歸納幾種最常被使用的指甲油顏色，結合色彩心理學的觀點，另闢指甲色彩與性格關聯的觀人要點：

紅色：這種人個性堅強，積極豁達。感情豐富，性格外向。他們喜好與旁人競爭，說話做事快速而不加思索。

藍色：這種人喜歡寧靜，看來鎮定自若，無憂無慮。因其理性善於控制感情，很有責任心。因富有見識，而判斷力強。胸懷寬廣，不好與人計較。

紫色：這種人多愁善感，焦慮不安，然而往往能夠控制內心的憂慮和苦惱。

粉色：這種人比較感性，處事溫和。常常想讓自己呈現出年輕、有朝氣的感覺，甚至希望在旁人眼中呈現出高貴的形象。

黑色：他們喜歡獨處，所以給人冷靜成熟的印象，有時太過嚴肅，令人不敢接近。愛用黑色的人，性格很極端，強烈追求完美，卻會為此感到痛苦。而且不願意把自己的心思告訴別人，也聽不進別人的意見。

你會被哪一種小人纏上？

超市里正在低價促銷一批水果，價格相當便宜，很多大嬸都在瘋狂採購。你覺得超市為什麼要用低價促銷呢？

Ⓐ 水果快要腐爛了。

Ⓑ 這是例行的促銷活動。

Ⓒ 因為進貨管道特殊，進價比較低廉。

Ⓓ 超市快倒了，正在清倉中。

解析：

A：說謊大王

這種人撒謊的功力真的很精深，真話假話摻在一塊講，真中有假，假中有真，讓你很難分辨。不上過幾次當，你很難看出他的鬼把戲，即便看出來了，他也會有一套自己的說辭，你的人生很難擺脫掉這種小人哦！

B：變臉比翻書還快的小人

這種小人平常表現得都很好，在你人生正在起飛的階段會以各種理由出現在你的身邊，讓你誤以為他是一個值得交往的朋友，並對他推心置腹、委以重用。但當你遇到倒楣事情的時候，他會馬上在你面前消失。

C：厚臉皮的小人

這種小人好像蒼蠅般總在你的身邊圍繞，雖然明知道你很討厭他，早就已經看穿了他的鬼把戲，可是他就是這麼無恥，任憑你怎樣擺臭臉色都假裝不明白，真是人至賤則無敵！

D：口蜜腹劍的小人

這種人從來不會在你的面前指出你的缺點和不足，卻會在你背後暗箭傷人。有的時候會令你覺得有卡到陰的感覺，因為你們並沒有什麼利益上的衝突，不知為何他要針對你，殊不知這就是小人最讓人厭惡的地方。

不要忽略那些不經意的小習慣，
它就是突破心防的有效線索。
想要在人際關係中掌握主導權，
只要留心透露蛛絲馬跡的假動作，
就能看破他手腳，
再也不敢得罪你！

2

Chapter

現場直擊小動作，就能識破受害前的假動作！

To see through the real personality of bad guy

點頭太頻繁，其實心裡不耐煩！

當我們情緒混亂時會抓頭皮，痛苦時會用雙手抱頭，曾有研究指出，自我觸摸行為有50％以上都集中在頭部，除了臉部的表情之外，我們最常運用的就是「頭部語言」。

例如：點頭表示同意、肯定或讚許，搖頭表示反對、否定或批評。

除了點頭和搖頭這兩個最基本的頭部動作外，頭部姿勢反映的情緒和性格資訊其實比我們想像中還豐富。

例如：當對方歪著頭聽你講話是表示感興趣，如果看到他有這種動作時，不妨再多談一下，而且，這也是女人向異性表示好感的方式之一；如果他是低

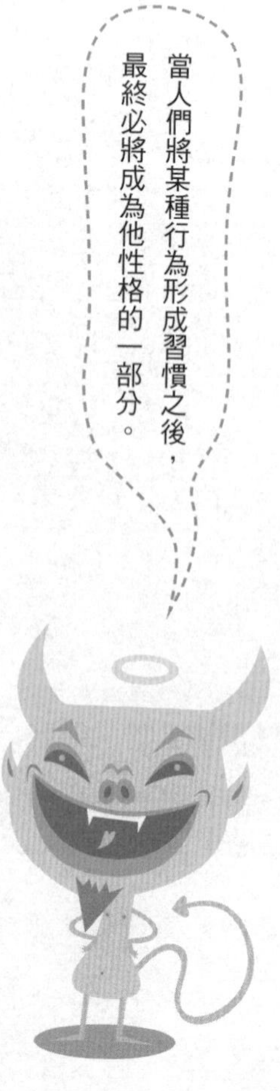
當人們將某種行為形成習慣之後，
最終必將成為他性格的一部分。

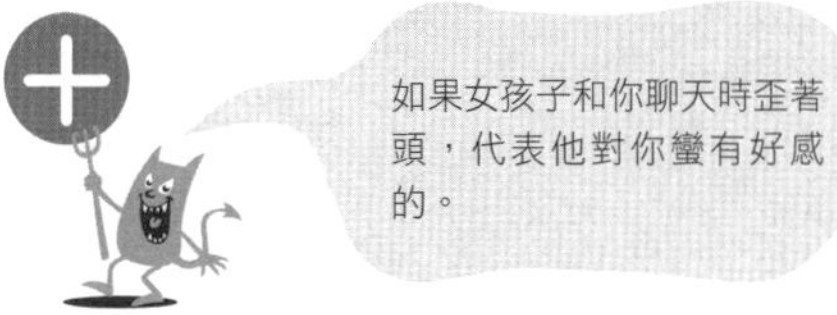

著頭聽你說話，通常代表他不想再聽下去，你就不必再白費口舌了。只要深入觀察這些無形的語言，都可以作為判別他人心理的一種依據。

頭部慣性動作看穿人格

既然不同的「頭部姿勢」足以顯示對方內心的態度，那麼同樣的，當人們將某種頭部行為形成習慣之後，最終必將成為他性格的一部分，對其為人處世的方式等，都將產生長遠的影響。那麼不同的頭部語言究竟反映出怎樣的性格和心理狀態呢？

習慣搖頭晃腦的人，唯我獨尊

這類人通常唯我獨尊，比較專斷，在事業上一往無前，敢闖敢做。

喜歡用「點頭」或「搖頭」來表示對某一事物的肯定或否定態度的人，對自己性格裡的獨斷性感到很自信，也善於在社交場合表現自己，卻容易遭人排擠。

習慣抬起下巴、揚起頭與人交談的人，自以為是

這種人通常自我意識強烈，善於與人周旋，不易打開心扉，同時又高高在上。他們可能容貌姣好、天資聰穎，卻又因此自信傲慢，吝於稱讚他人，而且會對否定自己的人回以重擊。

點頭有鼓勵和贊許的意思

點頭會讓人產生被認可、被重視的感覺，善於在交談中運用點頭動作的人，通常都會有不錯的人緣。

因為點頭是誘導對方侃侃而談的好策略，會提高對方的談話興趣。以點頭示意談話者，是對其所說內容表示認可和接受的方式，對方會覺得自己是被尊重和喜歡的。

頻繁點頭並非都是肯定的意思

當對方針對談話內容而點頭，表示允許及好感；可是若點頭的動作與談話時的節奏或情節不符，就說明對方正三心二意，或有所隱瞞。

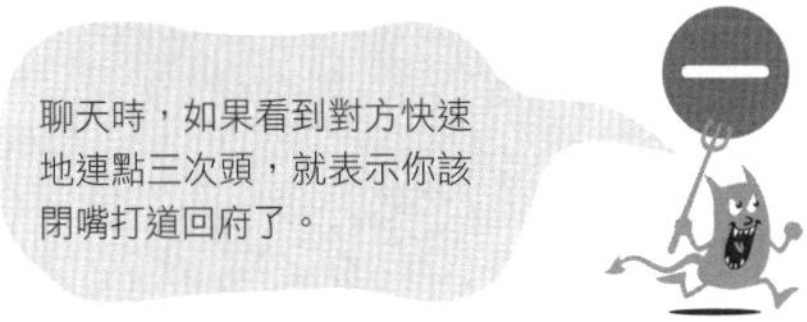
聊天時，如果看到對方快速地連點三次頭，就表示你該閉嘴打道回府了。

在兩人談話的過程中，假如對方連續點頭超過三次，就可能是不耐煩或否定的訊息。

如果是緩慢的點頭動作，表示聆聽者對談話內容很感興趣。而快速的點頭動作等於是在告訴說者，他已經聽得不耐煩了，或者是催促對方馬上結束自己的發言，以便給他一個表達觀點的機會。

搖頭不一定就是否定

緩緩搖頭一般是用來表示否定之意的，比如：「我不同意你的觀點」、「我沒有聽懂」、「我不想按你所說的去做」等等。

不過快速搖頭除了表達否定之意外，有時也會被女性用來表達害羞和靦腆。

特別是在男女交往的時候，女性時常出現搖頭的動作，這並非是對對方的不認同，相反地，有時是女性內心動搖不安的表現，因為不確定對方的心意，而採取了拒絕的姿態。

如果在快速搖頭後，還伴隨低頭的動作，則可斷定必她很「難以啟齒」。

☆用手撐頭的人，為了抒壓

當人們感到沉重或沮喪時，為了獲得精神上的安定，會下意識地用手撐住頭部，這種減輕頭部重量的方法是為了緩解精神上的疲勞。

各種頭部的語言無形中透露了談話者的心理狀態，更了解這些小動作，可避免自己講話被當成耳邊風的情況產生。

去洗頭可紓解心中鬱悶？

從幾何時，到美髮院洗髮似乎成為女性的一種休閒活動，明明自己洗頭髮不用超過十分鐘，為什麼要花超過百元去給別人洗呢？原來，這也是心理因素使然。

義大利心理學家萊森斯在深入研究後提出建議，人們在情緒欠佳時，不妨去美容院洗個頭、剪個頭髮，這樣可調節心理上的不平衡。

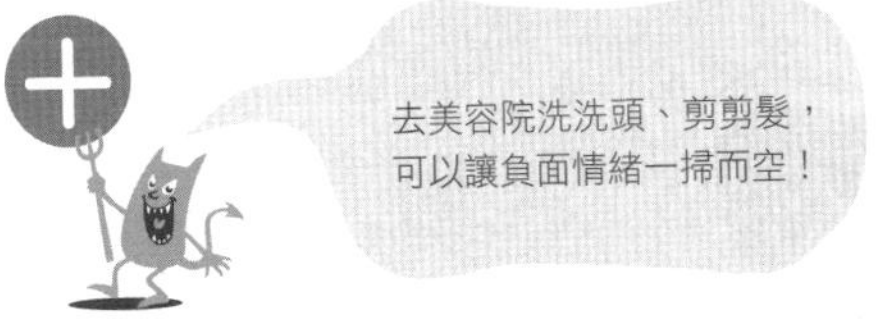

因為研究發現頭部在剪髮、洗髮時會受到刺激，增加腦部血液供應，而能改善心理狀況。所以，從美髮院走出來的女人，不僅看起來漂亮，而且她們的情緒也明顯地變好。

另外，透過將電極接到女人身上的實驗也發現，在洗頭、梳理並吹乾的過程中，她們的精神變得愉快；同時，心律亦變緩，血壓呈現下降。

心理學家還認為，一個人在情緒變壞時，若能改變一下髮型，可以抑制壞情緒的早期發作及干擾憂鬱症的激素產生。

看來，到美髮院洗頭的習慣，似乎是高壓的都會生活中的出路之一，下次如果再遇到那些狗屁倒灶的鳥事、不按牌理出牌的小人，與其抱著一顆氣急敗壞的心回家悶著頭睡大覺，不如到美髮院洗個頭紓壓一下，相信壞心情很快就煙消雲散了。

小人照妖鏡

抓頭，是負面情緒的直接反射動作。

根據心理學家的研究，當我們陷入情緒混亂或緊張狀態時，往往會做出類似整理頭髮的神經質行為。

例如，男性最普遍出現的「抓頭」動作，大致可視為不滿、困惑、害羞、痛苦等心態的直接反應。這時，往往還伴隨著面有難色的現象。

心理學家更指出，東方人對一件事物不能理解或感到莫名其妙時，伴隨著腦中的快速判斷，常會做出一種十分普遍的歪頭動作。

而歐美人則將手掌貼在太陽穴附近，表示他正在思考這件事。

由於有些頭部動作具有多重含義，所以我們在解讀這一類肢體語言時並不能將其強行劃分為哪個範疇。

自我觸摸頭部的動作是為了追求精神上穩定的推論，只能說在大部分情況下適用，要細部解讀人們頭部動作的真正含義，還需要結合當時的場景來考慮。

走路看似弱不禁風最易推黑鍋！

心理學家研究發現：人體中越是遠離大腦的部位，其可信度越大。也就是說，越靠近大腦中樞的地方，其偽裝性就越強，表現出的資訊就越不可靠。

在人際交往時，我們早已習慣注意對方的臉，卻不知這是釋出假資訊最多的部位，最容易瞞天過海，其實人的下半身所傳達出的訊息才是最真實的。

如果你稍微留心觀察可以發現，在日常生活中，當心情轉換時，走路的姿勢也會隨之而變，高興的時候步調會更輕快，沮喪的時候步伐卻很緩慢，看起來很沉重。

心理學家認為，腳步的輕重緩急配合腿部的動作形成的走路姿勢，會因為

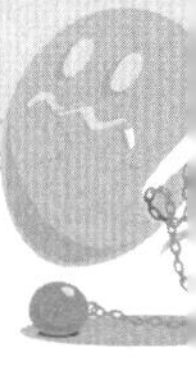

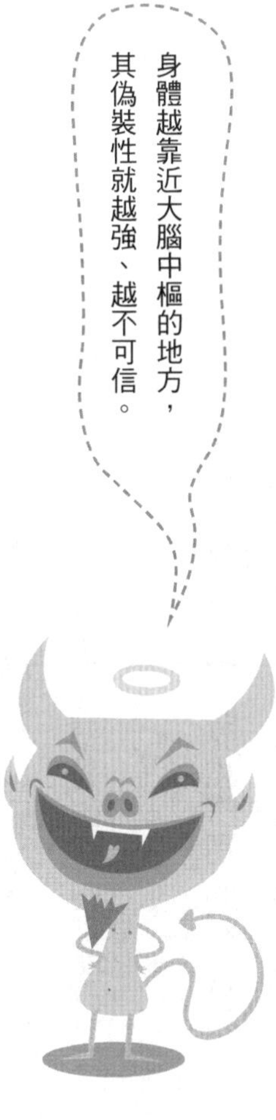
身體越靠近大腦中樞的地方，
其偽裝性就越強、越不可信。

人的情緒和性格而有所不同，因此，仔細觀察一個人走路的姿勢，將有利於了解他的性格。

走路快慢，象徵主動與被動

要判定一個人行走的姿態和心理狀態的關係並不難，無疑地，這也是了解初次見面的人最好的利器，因為建立了這些讀心法則，當對方朝你走過來的同時，你就可以大致判斷出他的性格。

步伐急促、矯健的人，是現實主義者

這類人精力充沛、精明能幹，是個現實主義者，所以往往事業有成。他凡事三思而後行，不莽撞、不唐突、不好高騖遠，無論是事業還是生活，都能夠腳踏實地，一步一腳印地前進。

這種人也重視信義、守諾言，不輕信人言，有自己的主見和辨別能力，也是值得信任的人；他們還敢於面對現實生活中的各種挑戰，適應能力強，凡事

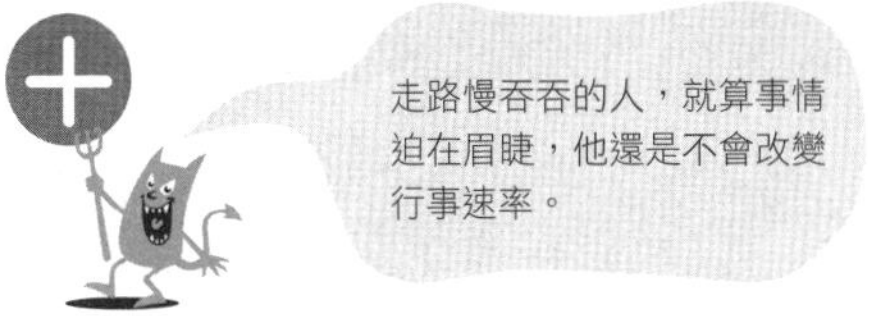

講求效率，不拖泥帶水。

這種人值得與其深交，也有領導能力，和他相識之後，你也會習得不同以往的見解。

走路步調平緩的人，是幕僚人才

這類人走路時總是一副慢吞吞的樣子，無論情況多麼緊急，他也不會改變自己行事的速率。

如果覺得自己能力難以應付，就會容易知難而退，也不喜歡張揚和出風頭。不過也因為他做事缺乏冒險精神，絕不衝動行事，拒絕冒險，因此常常錯失良機，但如果放在幕僚型的位置，會比較有執行力。

走路時身體前傾的人，害羞內向又重感情

有些人走路時習慣身體前傾，這類人的性格大多溫柔內向，為人謙虛，修養良好。

他們重感情，珍惜友誼，只是平常不苟言笑，而性格內斂，很少向他人傾

訴，所以很容易在感情上受創，即使受傷了也只能一個人生悶氣。

具有這種走姿的男人，個性木訥，鮮少花言巧語，大多見到有魅力的女人還會臉紅。

☆走路時抬頭挺胸的人，避免自免惹人厭

這種人自尊心較強，有時甚至頗自負、清高、孤傲、妄自尊大；他們絕不輕信他人，凡事只相信自己，習慣主觀臆斷，在人際交往中常常表現的非常淡漠、無謂，因此常處在孤軍奮戰的狀態。

但他們思維敏捷，做事有條不紊，富有組織能力，能夠完成已定目標，最終能成就財富事業，是不錯的組織者和領導者。

☆走路時喜歡踱方步的人

這類人性格通常比較沉穩持重，他們面對挫折和困難時能保持清醒的頭腦，不會被情緒所迷惑，而左右判斷力和分析力，算是很冷靜和理性的人。

雖然有時他也會覺得這樣過於理性思考，其實非常累，但自尊卻不允許他

走路喜歡蹦蹦跳跳的人，性格單純，但是神經大條、丟三落四。

向人訴苦，因此很少展現笑顏，總是板著一張臉，令人敬畏。

這類人因涉世極深，了解人情冷暖，因此習慣和他人保持距離，即使在獨處時仍壓抑著本能的情緒，屬於很不容易快樂的人。

走路時連蹦帶跳的人，做事粗心大意

有這種走姿的人一般喜形於色，似乎每時每刻都有好消息或愉快的事發生在他們身上，跟這樣的人相處自然也會感到比較輕鬆、愉快。

他們生性好動，也喜歡受到他人的關注，不過做事粗心大意、容易丟三落四。而且對人慷慨，不求名利與享受，安分守己，只認真經營自己所熱衷的事業。

他們也很喜歡湊熱鬧，害怕孤獨，因善於交友，也非常健談，常常口若懸河地評估論今，這類人一般城府不深，不會隱藏自己的心思，人緣很好，是常受到眾人擁戴的開心果。

走路時左右搖擺，彷彿弱不禁風的人最做作

這類人就是我們通常所說的「假掰」。他們喜好故弄玄虛，明明一無所有卻要擺出一副卓爾不凡的架勢，遇到難題不是推卸轉移，就是不了了之，還不允許別人有半點對不起他們。

此人奸詐虛偽，善於阿諛奉承，往往導致自己在事業、愛情和生活上的失敗，也因其做作、自私的做人和行事風格而令人厭惡，如果不慎與此人深交，大禍臨頭之時，你才發現這頂大黑鍋就是他推給你的。

走姿呈行軍步的人很獨裁

這種走姿步伐整齊，雙手會呈現有規則地擺動。

這種人意志力強，甚至有些「獨裁」。他們很專注於自己的信念，一旦選定了目標，就不會因外在的環境和事物的變化而輕易受影響。

不過，這種「不達目的，誓不甘休」的行事作風，也會使得他們有時會不惜犧牲任何東西去達到個人的理想和目標，過度執著的情況下，會變得鑽「牛

明明都退伍很久了，走路還像阿兵哥行軍步的人，最容易對女人死纏賴打！

角尖」。

不過，這種男人堅持到底的性格，如果不是得到女人的喜愛，就會讓人討厭，因為這種執念有時會變成死纏爛打，令人頭疼不已。如果他們能把這份執著和堅持投入到事業上，就會有不錯的成就。

漫步在鬧區，我們常可以看到行色匆匆的路人，這些外在的姿態都代表了一個人的內心狀態，從走路不但可以看出個性，更可以從走路的姿勢去決定別人對你的好感或是壞印象，就看你自己想要怎麼走這一條人生的道路了。

小人照妖鏡

為什麼有人走路一直看地上？

在現實生活中，有些人在沒有碰到任何不開心的事時，也會很自然地低著頭走路，這類人的性格比較內向，也容易悲觀，無論是做事還是與人相處時都有太多的顧慮，他們總是很難放開自己，總是擔心一旦把心情放鬆，就會發生一些不好的事情，把自己原有的生活攪亂，因此這類人對任何事情都不願動真情。

在工作上，他們比較適合做一些相對保守、不需要有太多創新的工作，比如醫生、心理諮詢師、會計等，在這些工作中，他們可以充分發揮自己謹慎的優點。

在與人交往時，他們是被動的，不喜歡主動走出自己的生活圈，也不喜歡接受新鮮的人和事，不過他們對待朋友是真誠的，所以一般他們都只有幾個固定的好朋友。

如果你想和一個走路時喜歡低頭的人成為好朋友，那麼你就要有足夠的耐心來培養你們之間的友情，否則短暫的人情很難在他們心中留下深刻的印象。

習慣俯睡的人，被批評就變臉！

睡眠不只是用以恢復已經耗竭的體能與精力的生理過程，從人類文明的早期，釋夢人、詩人及預言家等，就對於生命中這段看似休止的狀態有高度探索的興趣，更從中獲得許多靈感。

而睡眠中的夢境，也曾經啟發精神分析學派的思潮，但睡眠的不均衡，更成為現代人疾病的根源之一。

睡眠品質的與否，與一個人長期的健康有著舉足輕重的影響，而對於睡眠領域、做夢的探究，更是心理學家窮極一生也亟欲探討的潛意識領域。

此外，在睡眠的狀態下，可以說是一個人意識最放鬆之時，自然毫無偽

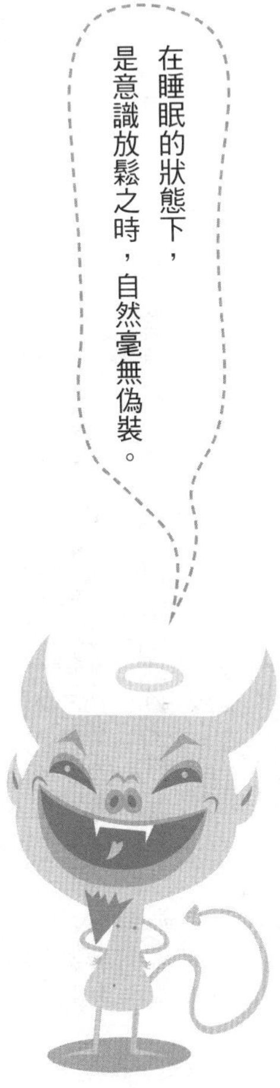

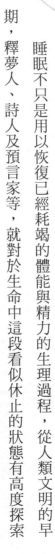

裝。透過睡眠姿態解讀身邊人的性格，更是一個不可錯過的讀心術手法！

睡姿怪不怪？深入他的性格潛意識

英國一家飯店連鎖公司的調查結果曾顯示，英國夫婦當中，最流行的睡姿是背對背的「賭氣式」睡姿。

心理學家說，這會讓夫妻雙方感覺既親近又獨立，「背對背、又能相互倚靠」的姿勢讓雙方感覺放鬆但又親近。

因此，想深入了解枕邊人私下的真實性格，觀察他的睡姿是很好的方法。

胎兒型睡姿的人，外強中乾

這是最常見的、特別是女性當中出現最多的睡姿，就是睡覺時整個人倒向一側，而且身體蜷縮著，頭緊緊地靠著枕頭，有時候手還握著枕頭的一角，好像子宮中的胎兒一樣。

習慣這種睡姿的人，多是外表強悍、內心敏感的人。他們初識陌生人時可

夫妻間背靠背的「賭氣型」睡姿，讓兩人感覺各自獨立卻又親近。

能會害羞，但很快就會恢復自在。

一般來說，胎兒型睡姿的人多數缺乏安全感，比較敏感，獨立意識不強，對某一熟悉的人物或環境總是有著極強的依賴心理，他們比較感性，邏輯思維稍差，習慣逃避困難。

但是，胎兒型睡姿卻被認為是最科學的一種睡姿，有利於整個身體的放鬆。採用此睡姿的女性人數是男性的兩倍多。

海星式睡姿的人，藏不住心事

這類睡姿是身體正面平躺在床上，手腳伸開呈大字型。

這類型的人多善於傾聽，並願意幫助他人，因此容易交到知心朋友。

有此睡姿的通常有兩類人：

一類是對自己盲目樂觀、盲目自信，甚至有些自負的人，他們待人熱情、開放，藏不住心事，有什麼說什麼，情緒變化快，思維敏捷，屬於行事明快型。

另一類人各方面的能力都很強，不怕失敗和傷害。但是正因為這種不設防的性格，使他們在人際關係中比較容易受傷害。有此睡姿習慣的人，性格中還有放任、難以自制的一面。

此外，海星式也是胖子最愛的睡姿，因為胖子假如側睡的話，會使側邊身體的壓力過大，影響睡眠品質，而仰睡能讓龐大的身軀分散在寬廣的後背上，相對地使身體的每個部位受到的壓迫更輕些，有利於睡眠。

但一般人若是仰睡，由於身體和兩腿都是伸直的，肌肉不能完全放鬆，也就不能充分休息，有時兩手還會不自覺地放在胸前，反而容易做惡夢。

☆俯睡睡姿的人，拒人於千里之外

這類睡姿是面朝下趴著睡，臉轉向一側，兩手放在枕頭旁邊。

這是一般人使用最少的一種睡姿，採用這種睡姿的人通常都過於關注自己，他們喜歡熱鬧，膽子大，內心卻可能有些神經質，臉皮通常很薄。他們不喜歡被人批評，自我保護意識強卻又常拿捏不好。

這種人和仰睡的人正好相反，與人交往時會保持很遠的距離，甚至表面上

和你很親，實際上內心疏離。

因他們以自我為中心，對他人漠不關心，有時甚至會太極端、太偏激。有時甚至會強迫別人來順應自己的要求，完全不在乎他人的感受，或者對於別人的反應故意視而不見，所以會帶給人很自私的印象。

此外，專家還指出，雖然這種睡姿表面上看起來很安全，實際上卻會對人體各部位造成壓迫，對健康的傷害非常大。

士兵式睡姿的人，嚴以律己和待人

這類睡姿和「海星式」有些類似，也同樣是仰睡，不同的是，士兵式睡姿的人是將雙臂緊靠在身體兩側。

這種人通常性格保守、中規中矩，而且特別自律，有時候會展現出不尋常的理性。因他們會一絲不苟地遵守一些嚴格的標準，而不自覺地開始要求別人。

從好的方面來看，這類人做事比較有恆心和毅力，而且往往信譽很好，但

是他們也時常給人古板、冥頑不靈的感覺，因為他們對自己定下的標準不論遇到何種情況都絕不讓步。

樹幹型睡姿的人，包容心大

這類睡姿是身體偏向一側，雙臂順貼在身上，整個人看上去像一根樹幹的樣子。

這類人大多性格開朗，好相處，喜歡融入不同的團體，還會表現出一定的領導才能和號召力，但仍會接受他人的建言，調整原本的目標。

側睡時，他把手放哪裡？

喜歡側睡的人性格比較中庸，既不情緒化，也不會過分理性，；既不會過份自卑，也不會過度自負。除了側睡的方向，此時手和腿的位置也會反映不同的性格和心理，可以再仔細觀察。

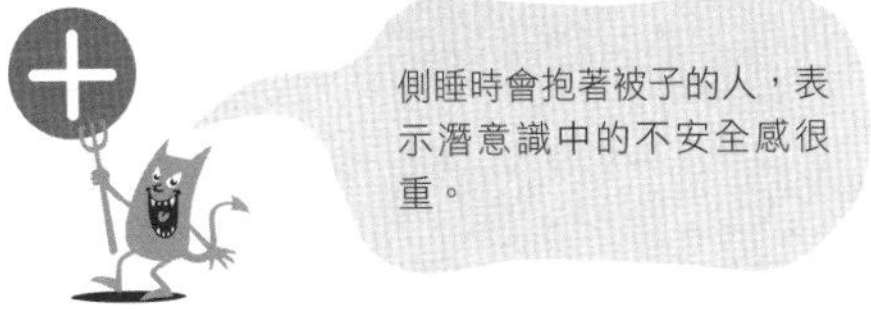
側睡時會抱著被子的人，表示潛意識中的不安全感很重。

側睡時手枕在胳膊上的人，善守原則

這種會導致手臂酸痛的睡姿一般人都不會用，因此，有此睡姿的人會比一般人考慮得更多，他們喜歡講究原則，但拿捏有度，既不會與人因此衝突，也不會人云亦云。

側睡時，雙手向前伸出的人，多疑苛刻

採用這種睡姿的人性格多疑且苛刻，他們不會輕易地做決定，可是一旦作出決定就不會再更改，也是比較頑固之人。

側睡時，把手放在胸前的人，不安全感重

這是種防衛的姿態，假如側睡時抱著被子，這種睡姿的人的不安全感會更強一點，因為抱被子是借用外在的事物來保護自己的潛意識，帶來安全感，才能安然入睡。

側睡時，彎著一條腿的人，容易小題大作

這類人很喜歡抱怨和發牢騷，而且容易因為緊張而神經緊繃，常常小題大

做，對小事容易反應過度。

✡側睡時，把雙手向外伸展，與身體形成直角的人，憤世嫉俗

這類人性格外向，喜歡與人交往，容易融入團體，不過有些多疑，甚至有些偏激和憤世嫉俗，比較難接受不同意見。

✡側睡時，一隻手放在臉頰下

如果將手放在左臉頰下，顯示出睡眠者渴望得到關愛。人的右臉是勇氣的象徵，如果將手放在右臉頰下睡覺，顯示出睡眠者渴望激發自己的勇氣。

曾有一份統計報告指出，美國有六成以上的夫妻認為一定要同床，因為分床睡可能是婚姻失敗的原因之一，相信這樣的理論放到亞洲人的生活中同樣適用，所以，如果在同居階段的男女朋友，不妨晚睡一次觀察情人的睡姿，或許有意想不到的發現也不一定！

小人照妖鏡

夫妻怎麼睡，可減少摩擦？

美國明尼蘇達大學教授保羅曾研究42對夫妻的睡姿，同時分析不同睡姿所反映的情感。

結果發現，夫婦睡覺時如果面對面、手腳有接觸，形成1個「包圍圈」，這代表雙方都感到滿足，感情穩定。如果背對背睡，表示兩人喜好差異大，暗示夫妻關係出現矛盾。

如果有一方喜歡將手或腳，搭在對方身上，表示依賴性強，需要確保對方一直都在身邊。如果丈夫將另一半抱在懷裡睡，就表示兩人感情極為親密，而抱著對方的一人，就是扮演保護者的角色，這種睡法最大好處，就是兩人性愛的次數會增加。

研究更顯示，喜歡側睡的人跟仰睡的人最麻吉，不僅肢體可以接觸，也不會影響彼此睡眠。而愛趴睡的人得找愛側睡的，仰睡的最好配上愛蜷曲睡覺的人。

既然非得同床共眠，學者建議，除了睡前擁吻，不妨增加一些入睡儀式，例如：說句好聽話、撫摸對方，或是關上燈輕聲聊天、親吻對方也都可以讓雙方幸福地進入夢鄉。

鬆領帶或脫外套，代表已鬆懈心防！

每個人或多或少都有一些習慣性的小動作，有些人甚至從未察覺自己有這些行為。例如：心情煩躁時，喜歡咬鉛筆、啃手指，似乎只要這樣就能鎮定身心。

但是相處一段時日之後，我們可以從一個人在日常生活裡不經意的小動作中，來觀察出他的潛在性格，基於知彼知己的原則，如果我們稍為這些小地方留意的話，將能夠清楚地了解對方較為真實的一面。

心理學家更認為，一個人的小動作越多，他就越容易暴露自己內心的想法。

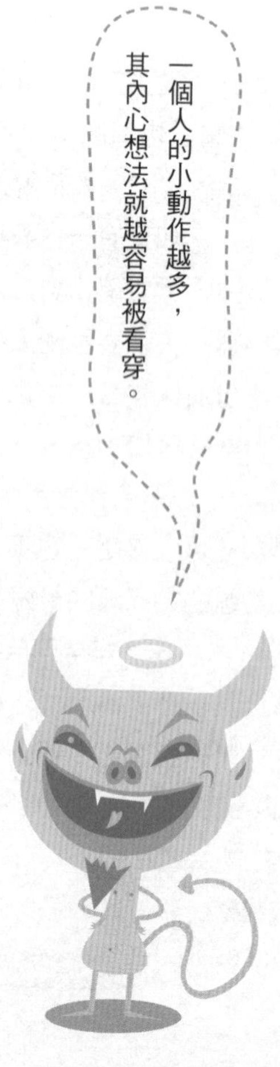
一個人的小動作越多，
其內心想法就越容易被看穿。

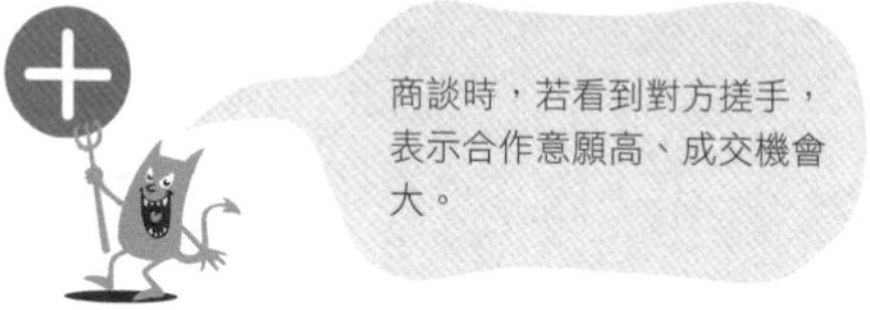

從小動作突破心防

以下歸納出最常見的十五種小動作，幫助你判別對方的性格或其當下的心理狀態：

搓手，表示很想大展身手

這個動作在談判時經常出現，當談判的一方快速地搓揉雙手，彷彿在期望獲得什麼結果。這其實是在向對手表明自己很歡迎接下來的事情，或者對即將到來的事很感興趣，很想要有所作為的意思。

愛啃手指的人，執念過重

這種看起來很幼稚的動作，其實是對「口腔期不滿足」的表現，在佛洛伊德的精神分析理論中，口腔期的時間是在嬰兒0到1歲的時候，而「執念」就是一種人格發展的停滯。

這類人通常比較自我中心，喜歡強求他人，缺乏耐心、多疑、悲觀，希望一直依賴別人、被照顧。一旦感到緊張、心煩意亂時，他們就會不自主地出現這個動作。

用手摀著嘴巴或鼻子的人，神鬼莫測

假如交談時對方出現這個動作，說明他不是很同意你的說法，只是不好意思說出來，這是潛意識裡怕一不小心說溜嘴的防衛姿勢。這說明他們想反駁對方，或是在說謊，卻不讓自己顯現出來。有這個習慣性動作的人會常常保留自己的看法和想法，給人高深莫測的感覺。

愛叉腰的人，喜歡支配他人

這個動作有漫不經心和不敬的意味，做出這種動作的人，通常都喜歡支配他人。他們沉著冷靜、對任何威脅都不放在心上，但是卻很容易冒犯他人而不自知。

愛東張西望的人，不可一世

交談時，對方出現這個動作時，表明他希望話題快點結束，或者他對你的言論不感興趣。喜歡東張西望的人通常比較懶散散漫，做事沒有熱情，對他人

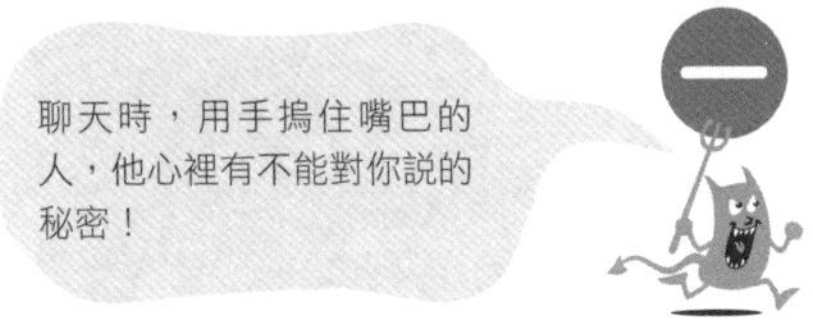

也不甚關心。他們在與不熟的人相處時表現冷漠，給人不可一世的感覺。

☆愛不停地搓揉耳朵的人，喜歡高談闊論

這樣的人靜不下來，而且喜歡作為發言的一方，而非傾聽者。他們通常帶有很強的個人主義，好表現，卻又容易弄巧成拙，還不善於偽裝情緒。

☆愛將雙臂交叉於胸前的人，正在否定你

這個動作表示否定、拒絕，或袖手旁觀的意思。當聽你說話的一方做出這個動作時，說明他正對你的觀點和看法有所質疑，假如是在向上司回報工作或陳述工作時看到這個動作，要即時修正你的言論，因為你已經收到否定的訊號了。

☆愛不停擦拭眼鏡的人，優柔寡斷

這種反覆將眼鏡摘下又戴上的行為，是內心不確定或優柔寡斷性格的表現。此外，這個動作有時還會造成他人的困惑，或是產生一種不知接下來要發生什麼的恐懼，因此，有心人士有時會故意做出這個動作，是一種期望掌控他

人的表現，他們的內心其實跟你一樣害怕。

愛飛快轉筆的人，表示蠻不在乎

我們經常看到，有人在打電話、發言或談判時，會有轉筆的現象。這並非對方在深思或胸有成竹，而是一時思維卡住，想以手部的動作帶動腦部運轉的意思。

其次，有時人們在陳述問題時也會出現這個動作，反映了其內心的猶豫和不確定感。如果在回答他人問話時做出這個動作，不僅表示他對被問的內容毫無準備或不以為然，甚至覺得這是一個蠢問題。

上身後傾或偏離對方的人，表示心存反抗

在談判時比較容易出現這個動作，它反映出對方明確的戒備和反抗的情緒，或者故意不去理會說話的人，是一種不想合作的姿態。

雙手呈尖塔姿態的人，表示藐視對方

這是雙手指尖相對，掌心因此空虛，形成一種「教堂尖塔」式的手勢，這

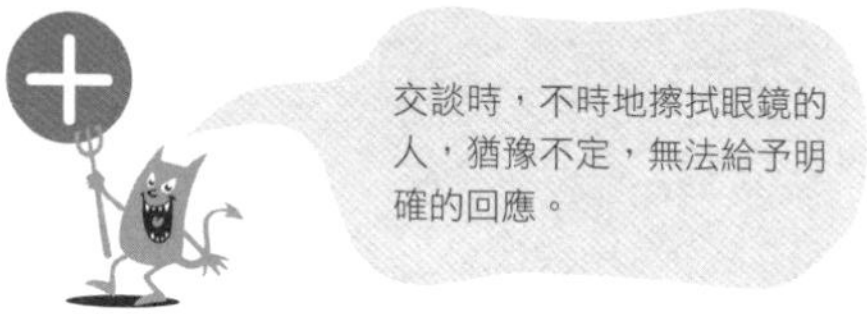

常出現在上司對下屬講話的時候。

這個動作表現出極度的自負、傲慢、剛愎自用。而且「尖塔」的位置也隨著自負和傲慢的程度而升高，可以從齊胸升至齊眉，甚至從兩掌之間的縫隙裡看人。越是傲慢自負，「尖塔」的位置就放得越高。

用頭髮紮自己臉龐的人，像不定時炸彈

這個動作會為人帶來搔癢或微微疼痛的感覺，習慣做這個動作的人多為刺蝟型性格，很會忍耐，但是一旦越過了他們的底線，就如同引爆了地雷，其爆發程度會很嚇人。

拉鬆領帶或脫去外套的人，心裡鬆懈

在談判時如果對方出現這個動作，那對你而言可是個好現象，這說明對方已經失去耐心，即將以一定程度的讓步來促成協定的達成。

愛聳肩的人，懂得享受生活

與人交流時喜歡聳肩的人，大多待人熱情、誠懇，與之交往不用擔心被欺

騙。此外，他們通常都很有想像力，喜歡追求舒適的生活和適合發揮創造力的環境，是少數能夠創造生活，又懂得享受生活的人。

☆猛地摔坐在沙發上的人，期望得到認可

當這個動作表現在人前時，大多是一種喧賓奪主的姿態，會替對方造成一定的壓力。比如下級去上級那裡發洩不滿時，就可能做出這個動作，實際上他們心理很不安和不自信，但是又要顯得自己理直氣壯，通常這種刻意營造出來的氣勢都堅持不久，可能過不了一會兒，他們就會不自覺地移動所坐的位置，身體向聽他們說話的人前傾，洩露出渴望得到認可和贊同的心理。

各種小動作都有它的含義。不要忽略他人那些不經意的小習慣，它也許就是你了解這個人的性格和真實心態最有效的線索。想要從人際關係中掌握主控權，進而獲得成功，不妨做一個細心的觀察者吧！

小人照妖鏡

觀察小動作，一眼看出他說謊。

研究表明，多數人每天都會撒一兩個謊，而且極少被抓。不過，謊言是人們掩飾自己真實意圖的行為，它會造成聽話者的誤解或困惑。這時假如聽話者能夠準確分辨出撒謊者的假動作，就能及時識破謊言，使自己免遭欺騙或損失。

1.細微的表情：真實情感停留在臉上的時間都是轉瞬即逝的，如果某個表情停留時間過長，那這些表情和情緒很可能是裝出來的，吃驚的表情如果超過一秒就說明是裝的。

2.擺弄手指：人在說謊時為了怕被對方看出來，就會出現很多小動作企圖掩飾自己的內心。比如：搓手、轉動飾品、玩手指等，其中搓手能讓心虛的人感到安心。

3.說謊者常常會忘「我」：心理學家認為，人們在說謊時會本能地把自己從所說的謊言中剔除掉。比如，當你問他昨晚為什麼沒有接電話，如果他說：「電話壞了」，而不是「我的電話壞了」，那麼他很可能正在撒謊。

假如我們能讀懂對方表情和動作中的微妙瞬間，將更能領會對方的真實意圖。

握手握太久的人，最容易公私不分！

握手是國際通用的見面禮儀，是一種表示友好的方式，也是人與人交往時的第一次身體接觸。

美國心理學家伊蓮．嘉蘭在一本研究人類行為與性格關聯的著作中指出，一個人與人握手時所採用的方式，最能反映他的個性。

因此，如同人複雜的性格般，握手的含義也因其各異的方式而各不相同，簡單的握手動作將使我們對人的心理和個性建立初步的輪廓。

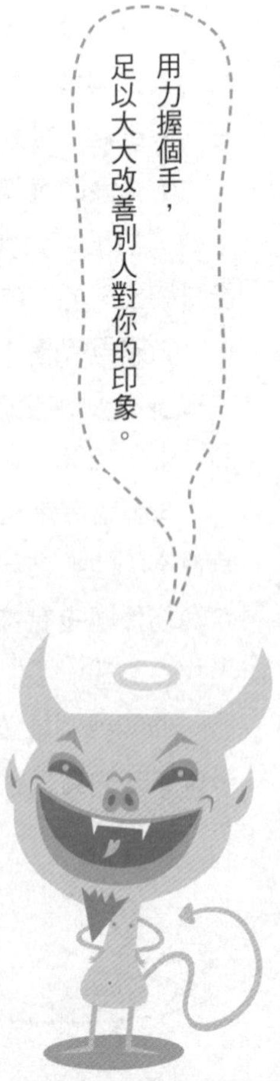

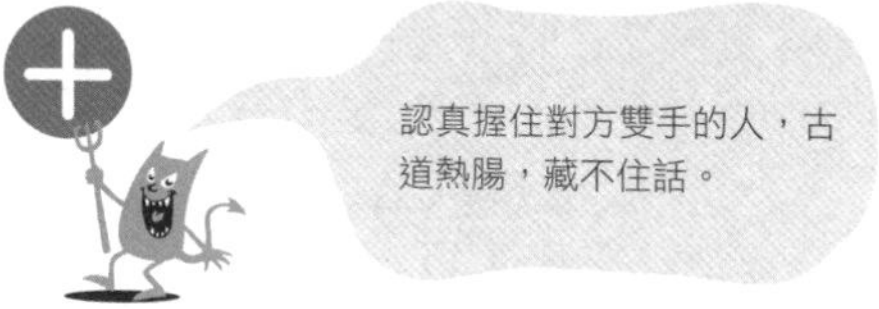

握手故意晃很大力的人在幹嘛？

握手是人們熟知的禮節，除了表達問候，心理學家最新發現，用力握個手，還能大大改善別人對你的印象。

美國愛荷華大學心理學教授葛列格·斯圖瓦特研究調查顯示，對於不經常握手的女性來說，一個「用力的握手」更能為自己「加分」。當然，專家提醒，握手力度以能感受到力量、但又不至於讓對方疼痛最適當。接下來，讓我們繼續探查許多「握手」背後的真實情緒。

握住對方手指的人，透露好感

這大多出現在女性對男性的場合，是代表不想把自己的體溫傳遞給對方的意思，它是女性矜持的表現。若出現在男性對男性的場合，則是對他有好感的意思。

握手握得很強而有力的人，特別愛記仇

這是在向對方表明自己的力量。這類人通常性格衝動、剛烈，只要一不高

興就會發洩出來，佔有欲強，又愛記仇。

他們的優點是做事認真、熱誠、一絲不苟，有原則，幫理不幫親，缺點是常因欠缺圓滑、不懂得隨機應變而碰壁。有時會給人魯莽、愛出風頭的印象。

☆握手無力的人，功利心重

這是自信心不足的表現。這類人常常妄自菲薄、悲觀、做事猶豫不決，或是事情還沒開始做就認定自己會失敗；他們既無責任感，積極性又不足，總是抱著一種得過且過的態度，有時還需要別人來幫他們收拾殘局。這類人比較現實，功利心也很重，不適合交心。

☆握住對方雙手的人，直來直往

這是想把自己的體貼、情感傳遞給對方，有時也表示對他的哀求和期盼之意。喜歡握住對方雙手的人，通常不太會在背後批評別人，他們喜歡有話直說，而且熱愛朋友。

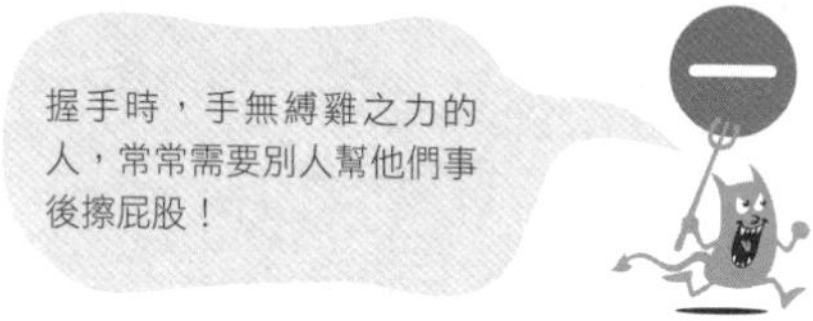
握手時，手無縛雞之力的人，常常需要別人幫他們事後擦屁股！
一

握手時上下晃動很厲害的人，虛張聲勢

這類人常常給人虛張聲勢、愛出風頭、自我吹捧的印象。他們喜歡將感情外露，時而很熱情，時而又很冷漠，與這種人做朋友；你能感覺到他的可靠和可信，假如是敵人，那你就要小心了，因為他們會變得十分可怕。

握完很快收手的人，不重情義

這類人通常生性灑脫，做事喜歡快刀斬亂麻，忌諱拖泥帶水。他們對任何事都是一副不在乎的態度，容易與人混熟，可也因為其無所謂的態度，容易使得關係疏遠、變淡。因此，與這類人做個點頭之交即可。

一手握手，另一手拍對方的肩膀或胳膊的人，表示地位崇高

這個動作多出現在上級對下級時，是強調自己是對方的上司的意思。這類人通常對名譽和地位有著比較強烈的欲求，也非常重視職場倫理。

長握不放的人，容易感情用事

握手動作靜止、良久不放的人，比較感情用事，容易公私不分。他們待人

熱情，願意為朋友兩肋插刀，但是不能忍受朋友的冷落或疏忽，得失心太重，因此與他做朋友要比較細心。

✡握手時手臂不願伸長的人，深藏不露

這是種保守型的握手方式，顯示出此人謹慎的個性。這種人做事屬於中庸派，既無冒險精神，也不會犯大錯。可以說是深藏不露，又可以說是沒什麼特點。

✡躊躇握不握手的人，不輕易吃虧

這種人無法決定自己要不要與人握手，非得對方先採取主動，當斷定他不會跟自己握手而把手縮回去時，他又突然把手伸出來，給人一種「慢半拍」的感覺。

這種人做事瞻前顧後，前怕狼後怕虎，判斷力差。雖然時常患得患失，他們卻又是不容許自己吃虧的人。

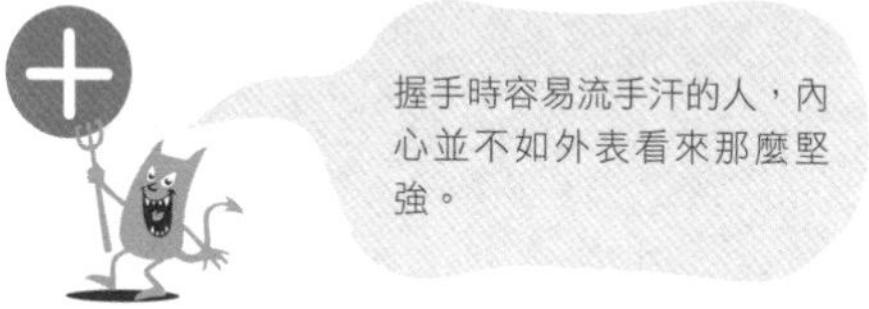
握手時容易流手汗的人，內心並不如外表看來那麼堅強。

握手時肌肉緊繃的人，愛與人結樑子

這類人通常器量比較小，容易與人產生摩擦，也容易結仇，他們天生缺乏一種包容力。因此，想與這類人做朋友，必須要有一定的肚量，願意遷就或迎合他們，能容人所不能容，否則還是敬而遠之的好。

不放過任何握手機會的人，內心自卑

這是種近乎強迫性的動作。這類人無論在告別、訪問、還是偶然碰到時，都會主動與人握手，而且不管親疏遠近。這種人看起來好像很熱情，實際上這只是他內心不安和自卑的表現。

握手時容易出汗的人，愛惡分明

這類人通常比較感性。他們往往很怕生、對人的喜惡也很強烈，看待問題很天真。而與之相反的，握手時不易出汗的人，常常是具有耐性，同時個性也很頑固的人。

握手還有許多簡單的詮釋方式，例如：當我們主動握手後，能夠用力回握的人，通常性格比較主動；而回握時比較無力的人，則性格比較懦弱。

一面握手一面審視的人，通常戒備心都比較重，不易相信人；握手時不敢抬頭接觸對方視線的人，則表現出他的自卑感；即使打過幾次交道，卻依然用客套話打招呼的人，通常自我防衛意識較強。

握手是人際關係中最初的近距離接觸動作，不但是我們向對方傳達友好的方式，更是讀懂對方真實心情的有效手段，千萬不要小看了最簡單的小動作。

小人照妖鏡

常面露尷尬，易贏得他人信任。

頻繁出現的尷尬場面會不會讓自己顯得很不得體呢?不要怕，科學家告訴你，尷尬反而會讓人更信賴你。

當人們意識到自己違反了常規，就會產生尷尬的情緒。

尷尬的體驗著實不爽。而且，處於尷尬中的人會認為，自己其實很注重社會規則，只是馬失前蹄罷了，渴望趕緊做些什麼來挽回面子。

於是，尷尬就成為了一種社會訊號，表達出個體潛在的親社會性（為他人謀福利）、忠誠以及樂於合作的傾向。

人們一直更青睞具有親社會性傾向的同伴，因為他們親善、樂於合作、不怕犧牲。

結交親社會性的同伴，在原始時期利於生存繁衍，在現代社會則是利於互惠雙贏。

如果說，尷尬的確能傳遞出個體親社會性的訊息，並且能及時被他人捕捉，那麼我們就可以大膽推測人們更樂意與偶爾會表現出尷尬的人合作。意想不到的是，尷尬也能促進利他行為的產生，增加合作與被選擇的籌碼。

常講「聽說」的人處事太奸巧！

當我們在詢問某人意見時，常會聽到一種制式地回答：「隨便。」你知道嗎？這種回答其實會造成人際關係上的一種障礙。一聲「隨便！」雖然看似灑脫的通用語，但卻透露出一種漠然，甚至是忍耐的意味。

其實在人際交往時，主動權的控制應當是隨時交替的。但回答「隨便」就是將主動權交給了對方。這可能表示尊重，願意遵從對方的意願；也可能表示厭煩，因此以交出主動權來儘快結束談話；另一種可能則是心存異議，但是認為沒有和對方爭論的必要，因此乾脆棄權，最後一種則可能是不願動腦子、不

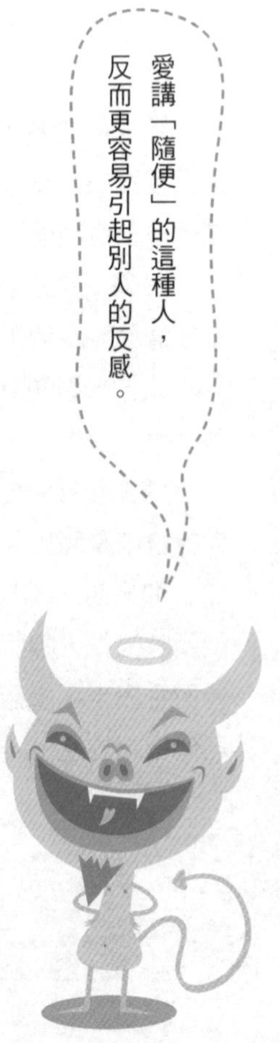
愛講「隨便」的這種人，
反而更容易引起別人的反感。

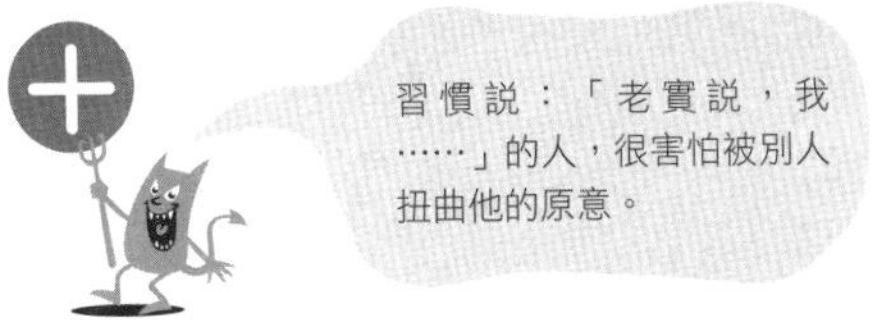

願負責任的推諉之辭。

人們之所以會對「隨便」反感，是因為這種人讓人覺得不願意與人合作、沒有主見。不管是在生活還是工作中，這樣的形象都不太受人歡迎。

沒想到簡單一句「隨便啦！」的口頭禪會引起這麼大的糾紛，相信了解更多常聽到的口頭禪，可以幫助你深入了解對方「說這句話，到底是什麼意思」！

哪些口頭禪讓人不舒服？

很多人說話時，常常在無意之中頻繁地使用某些詞語，形成了人們所謂的「口頭禪」。

心理專家曾說：「口頭禪」的形成，大致跟使用者的性格、生活遭遇或是精神狀態有關，可以算是個人的標籤。這些語言習慣，最能反映一個人的真實狀態及內在的性格特徵。

☆喜歡將「說真的」、「不騙你」、「老實說」掛在嘴邊的人

這類人通常性格比較急躁，內心常有不平之感，他們十分在意他人對於自己所陳述的事情的評價，也擔心他人誤解自己，這種人特別會希望自己在團體中能夠被認可，並得到更多人的信賴。

☆將「聽說」、「據說」、「聽別人說」作為口頭禪的人

此種人做事比較謹慎，處事圓滑，做什麼事情都會替自己留有餘地，很少會對他人做出承諾，提供保證。此外，這些人可能自信心不足，做事優柔寡斷。

☆喜歡將「可能吧」、「或許是吧」作為口頭禪的人

這種人通常自我防衛本能很強，不輕易將自己內心真實的想法暴露出來，為人處世方面比較冷靜，不輕易聽信他人。有時候也是為了避開衝突，或者避開鋒芒、以退為進。

喜歡將「應該」、「必須」、「一定」作為口頭禪的人

這類人通常比較理智，遇事非常沉著、冷靜，並且自信心很強，常自以為能夠信服眾人。

另一方面，「應該」說得太多時，反而會表現出他「動搖」的心理。而經常使用「你必須」、「你應該」等命令式詞語的人，則是固執、驕橫、有強烈的領導欲望，並且永不滿足。

喜歡使用「啊」、「嗯」、「這個」、「那個」作為口頭禪的人

他們通常對人對事都很溫和，不會輕易得罪人。有些反應慢或是詞彙量少的人也會使用這樣的口頭語作為敷衍回應。當然，很多城府深或是太驕傲的人，也會經常使用這類口頭語，意在故弄玄虛。

喜歡使用「但是」、「不過」等口頭禪的人

他們處事圓滑，辦事謹慎，與人談判經常會先肯定對方的觀點，再利用「但是」、「不過」等委婉地表達反對意見，不與人爭鋒相對，卻堅持己見。

☆喜歡使用「你看」、「我覺得」之類詞彙的人

他們較和藹親切，待人接物也很客觀理智。常能冷靜地思考，認真地分析，然後做出正確的判斷和決定。他們不會獨斷專行，能夠尊重別人的想法，同樣也會得到別人的尊重和愛戴。

☆喜歡使用「確實如此」、「對對對」的人

這類人多淺薄無知，自己卻渾然不知，還常常自以為是。明明沒有主見，還喜歡隨波逐流。

☆喜歡運用「其實」的人

這類人表現欲較為強烈，希望能引起他人的注意。他們的性格大多任性倔強，而且非常自負。

☆喜歡使用「我要」、「我想」、「我不知道」的人

他們大多思想單純，愛意氣用事，情緒也不太穩定，讓人捉摸不透。

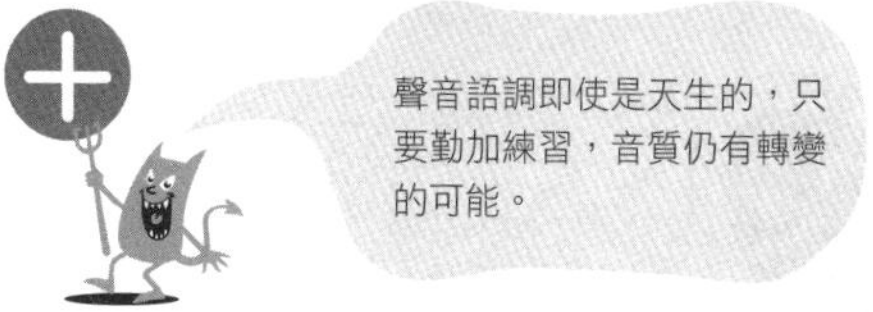

喜歡運用流行詞彙的人

這類人追求時尚潮流，喜歡跟風，沒有自己的主見，為人處世也很浮誇；喜歡運用外來語言和外語的人，愛賣弄和誇耀自己，虛榮心非常強；喜歡使用方言，並且還理直氣壯的人，自信心很強，富有獨特的個性。

喜歡使用「絕對」這個詞語的人

他們做事十分草率，容易主觀臆斷，缺乏自知之明。經常將「絕對」掛在嘴邊的人，通常都有一種自戀的傾向，有時候即便連自己都覺得說出口的理由很牽強，也不願承認錯誤，還要編造一大堆的理由來狡辯。

要想多了解身邊的人，不妨多花些心思，研究一下周圍的人的口頭禪，並且多多比較與分析，時間一長，你會發現了解一個人也並不難，從幾句口頭禪就能聽出對方內心的真實想法了。

小人照妖鏡

常說：「完蛋了」，真的會完蛋？

口頭禪的形成不外乎兩個原因：重大事件對人的影響和經驗累積的結果。譬如，一個滿腔熱情的年輕人真摯地投入到戀愛中，當他失戀後，可能在一段時間內他會對愛情嗤之以鼻，他的口頭禪也許會是：「這世界根本沒有真愛！」

口頭禪是人們心理宣洩的管道，積極的口頭禪催人奮進，而有些口頭禪則帶有消極的意味。那麼是不是這些聽似消極的口頭禪一定就是不好的呢？

現在人們流行把「鬱悶」一詞掛在嘴上，其實這不過是因為壓力大，想透過這樣的口頭禪來倒倒苦水，讓心理有一個舒緩、宣洩的通道，這樣反倒有益於心理健康。

像學生們每逢考試老愛把「這下可死定了」掛在嘴邊。其實，這是出於人的一種心理防禦機制。讓自己較容易接受現實，不致於引起心理上過度緊張和痛苦的一種方式。

學生們會先將情況估計得更糟些，透過口頭禪來強化，當現實情況可能並不那麼糟糕時，也就能及時得到心理安慰了，這可被視為一種自我心理療傷的方式。

說話支吾其詞的人擺明心虛露馬腳！

常言道：「聞聲如見人。」甜美圓潤或渾厚而富有磁性的聲音，總會給人留下美好的印象。世界上不少名人，為了獲得民眾的好感，引起大家的重視，也常採取各種方式為自己的嗓音「美容」，而且也取得了相當不錯的效果。

黛安娜王妃從「變聲」到「變身」

英國前王妃戴安娜一直以美貌、賢淑著稱於世，在一九九三年之前，她對自己的音質毫不在意。

但在一九九二年耶誕節前夕，剛宣佈和查理斯王儲分居的戴安娜向她的儀態老師卡羅蘭．布朗徵求對近期她在BBC電臺中發言的評價。

沒想到，卡羅蘭．布朗居然毫不掩飾地脫口而出：「完全不值得一提！你的腔調聽起來就像十歲的小女孩，羞怯而不自信。如果你做到語鏗詞鏘，那麼你就能真實地表達自己。」

情緒正處在低谷的戴安娜這才意識到自己的聲音影響了公眾形象，她希望卡羅蘭能夠幫助她，於是卡羅蘭轉而介紹她給自己的朋友——舞台劇演員彼得．塞倫特。

後來幾個月裡，彼得．塞倫特花了大筆力氣，只為訓練戴安娜在公共場合發表出一場說服力強、感染力高的演講。

在一九九三年四月舉行的第一屆倫敦討論會上，戴安娜公開致辭。當時她的講話發自肺腑，深切而敏銳，坦蕩無礙，讓輿論頓時為之譁然，很多聽了這次演講的人都這樣評價戴安娜王妃：「這無疑是對王室家族的背離，她終於擁有了自己的思想，能夠主宰自己的言辭，發出屬於自己的聲音了，戴安娜，將說話聲音太小的人，喜歡道人是非，是滋生事端的高手。

會開始自己全新的人生歷程了。」

聽聲辨人

一個人的聲音某種程度上代表著個人的形象和性格特點，所以透過聲音，我們可以更深入對方的內心。

說話聲音大的人，口無遮攔

一般情況下，愛大呼小叫的人其性格都是開朗大方的，他們口無遮攔，有一說一，想讓他把話憋在心裡比登天還難。

你不要看他們貌似莽撞，其實往往是「大嗓門有大智慧」，他們的頭腦和人品都值得信賴，是成為知心朋友的不錯人選。

說話聲音小的人，常常口是心非

遇到這種人就要特別注意了，有的人習慣湊到你的耳邊竊竊私語，這樣的人喜歡窺探他人的隱私，還是蜚短流長的高手。

有的人說話的時候神神秘秘，左顧右盼，這樣的人口是心非，氣量狹小。

有的人說話則是不緊不慢，聲音雖小，但字字都能清晰地傳到你的耳朵裡來，這樣的人很有心機，心態沉穩，可以託付他比較重要的事情。

說話速度像機關槍一樣快的人，常誤解他人

他們天性活潑、思維敏銳、感覺靈敏，對於別人的言行話語領悟力較高，反應也非常迅速。不過，有時他會因為太急，在對方還沒講完話的時候就下結論，導致對他人的誤解。

有時，他也會在沒有想好怎樣回答的時候脫口而出，導致自己陷入困境，或是在對方試圖解釋的時候打斷對方，導致衝突更甚或者不歡而散。

說話速度慢的人，意志堅定

這類人性格沉穩，他不會在別人面前表現出大喜大悲，而是把自己的情緒儘量掩飾起來。在處理事情的時候，他會儘量考慮周全，做到萬無一失，一旦認定目標，絕不輕易放棄，有種「不到黃河心不死」的硬勁，而他的運氣似乎

也格外地好，很少碰壁。

喜歡嗲聲說話的人，可能在說謊

現在有些年輕人，以為這樣做非常新潮、時髦。實際上，除了因為方言關係導致發嗲的人之外，刻意學習這種「嗲聲嗲氣」的聲音並將它作為自己說話習慣的人也許並不知道，這種聲音給人的感覺並不舒服，它其實表明你說的話和你心裡想的完全是兩碼事，簡單而言就是——你正在說謊。

說話的語氣冰涼僵硬的人，內心焦慮

這樣的人表面看起來比較「酷」，給人的感覺是冷峻、嚴肅、不好接近，但這只是表象，其實他的情緒裡一直有一團火在悄悄地運行，在他唯我獨尊的言談舉止後面藏著的，是不自信和焦慮。

說話聲音很疲憊的人，難擔大任

事實上，這樣的人在生活中也常常身心俱疲，很可能遇到了難以逾越的困難。這種人性格猶猶豫豫，優柔寡斷，一旦遇到挫折，就會一蹶不振，甚至會把裝病當藉口，選擇放棄，所以會讓人感到難擔大任，在用此人時需要特別慎重。

說話惜字如金的人，值得信任

有些人你跟他說了好多話，他才回答個一兩句，看起來似乎對你的問話無動於衷。很多人會認為這種人不禮貌，目中無人，其實完全不是這樣。

這種人也許真的不太善於講話，他只是習慣默默地做好自己手邊的事情。如果非要他說些什麼的話，他只能簡單地說幾句，雖然語句不多，音調變化不大，言談也很平凡，但是這些話都是發自內心的，細細品味之後，你會發現其言讓人信服，讓人感動。所以，不要埋怨對方「木訥」，和這樣的人熟識後，你才能更全面地認識他性格中的優點。

說話時嗓音發顫的人，缺乏自信

有人說話時，甚至會全身上下一起發抖，這跟唱歌時的顫音截然不同。說話時聲音發顫，說明這個人非常緊張，他的精神處於一種高度的焦慮狀態，

假裝嗲聲說話的人，小心他正在扯瞞天大謊。

他希望能儘快結束自己的發言和談話，趕緊逃離別人的目光。這種人極度沒自信，所以在事業上也容易遭受挫折。

特別注意對方語速變化的時候

語速，就是說話時吐字的快慢疾徐。人在說話的同時，也是流露情感的過程，所以，語速的快慢直接反映著說話者的心理狀態。

在現實生活中，每個人都有各自特定的說話方式及語言速度。

有的人天生性子急，說話如連珠炮、機關槍，劈裡啪啦說個不停，不給他人喘息的機會。

有些人天生性子慢，說話慢慢吞吞，無論情況有多緊急，依然故我，依然說話溫吞。

不過，大多數人的語速介於兩者之間，屬於正常語速。每個人的語速都是由於長期的生活習慣養成的，也反映了他們長期以來形成的性格特徵。

一般而言，說話速度比較慢的人，比較忠厚老實，性格內向，思維縝密；說話速度快的人，性格熱情外向，比較精明，也會比較浮躁。

而一個心理健康的人，說話語速應該是根據不同的環境、情景氛圍不同而會改變。

例如：當他受到嘉獎時，他會很謙虛，會用比平時語速還慢的言語表達對他人的謝意；當他完成自己訂定的目標，心情激動時，他會用比平時快得多的語速來跟自己的朋友或親友報喜等等。

在現實生活中，我們也可以透過一個人的說話語速來判斷他內心的變化。

例如：當一個平時說話語速比較慢的人突然加快語速的時候，他有可能在向人們傳達對於自己受到不公正待遇的一種抗議，也有可能是他有一個獨到的見解，希望引起他人的注意，而故意加快語速，希望對方能夠將他的話聽完。

如果一個平時伶牙俐齒的人，當他遇到某個人的時候，突然將自己的語速放慢，說話吞吞吐吐，反應遲鈍的樣子，可能是因為自己犯了錯才心虛，也有可能是有什麼事情瞞著對方，放慢語速其實是希望掩蓋心中的想法，又不會引

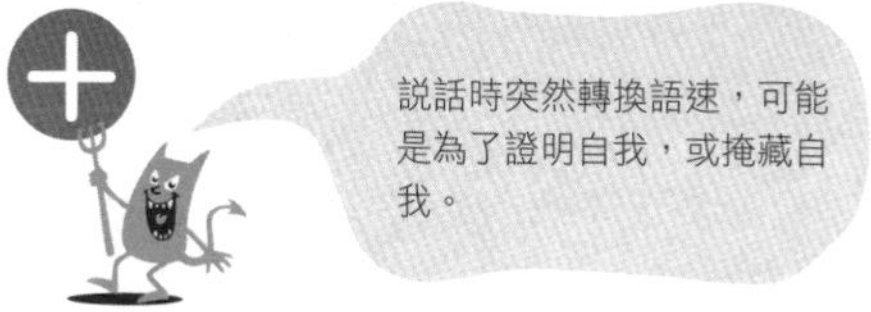

起雙方之間的尷尬。

例如：當你們正在高聲談論某個人的時候，被談論的主角剛好進來，這時，為了不讓對方聽見自己正在議論他，就會放慢自己的語速，等待對方走遠，再以正常語速與其他人交談。

當然，有時候，當一個人碰見自己暗戀的人時，說話語速也會減慢。

例如：某個性格開朗的女孩一直暗戀著某個男孩，她在跟別人交往的時候，總是熱情爽朗，談笑自如，但是，一旦遇到自己喜歡的男孩時，她馬上變得不知所措、害羞靦腆，說話也慢條斯理，輕聲細語。這其實就向他人暗示了她喜歡這個男孩的心理。

不過，我們經常看到的普遍情況是，一位平常說話不急不徐的人，面對別人不利言論的時，如果他用快於平常的語速大聲地進行反駁，那麼很可能這些話都是對他的無端誹謗；如果他支支吾吾，半天說不出話來，那麼很可能這些指責就是事實，他自知理虧。

另外，當一個平時說話語速很快的人，或者說話語速一般的人，突然放慢了語速，就一定是在話中有話，想引起別人的注意。

有時候，如果一個人在向別人撒謊時，他會用比平時快得多的語速來說話，以此來掩藏自己的心虛，因為他害怕說慢了會露出馬腳。當然，也有的人會因為內心的自卑而加快自己的語速，表達心中不服；也有人因為自卑而放慢自己的語速，因為自覺卑微。

語速其實可以很微妙地反映出一個人說話時的心理狀況，留意他人的語速變化，你就留意到了他的內心變化。因此，當一個人突然加快或是放慢自己的說話語速時，一定要仔細揣摩其當時的心理狀態，以便給予更恰當的答覆。

小人照妖鏡

關係很好的朋友，卻忽然客套起來？

如果是關係非常好的人，相互之間因為非常熟悉了，彼此之間可能因為默契而省略了中間的客套。但是，如果平時關係很好，相處也很隨意的人，突然變得對自己客氣起來，可能會讓我們有種不知所以的感覺。這時，我們可能會想：我們之間是不是出現什麼問題了？

可見，客套背後隱含了太多的深意，熟人之間不宜突然、過分客套。有時候，過分地使用敬語和客套話，就表示激烈的妒嫉、敵意輕蔑和戒心。

一個平時關係一般，也不怎麼來往的人，突然之間對你非常的客氣，有可能是因為有求於你，故意想拉攏你。

有些人明明很熟，但是，對方依然過份親切，說話也十分謹慎。這些人可能是自我防衛意識很濃，不輕易放別人闖進自己的內心；也有可能比較自我，不喜歡與人做更進一步的交往；也有可能心中懷有嫉妒或敵意等。

善於客套的人，處世比較圓滑，因而，人緣也會比較好。然而，過分客套的人，則會給他人一種疏遠感、距離感，因而，所交往的多是泛泛之交。

讀懂男人變心表情，救火才來得及！

談戀愛最怕遇人不淑，前面的讀心術已經非常明確地說明了許多判別「好人」和「爛人」的識人參考，不過有時候人算不如天算，也有許多「狼人」、「吸血鬼」也是在交往、結婚之後才「變身」成翻臉不認人，既然如此，學會辨識「變心」的訊號就格外重要，如果是較輕微的情況，還能適時地調整、挽回，如果他根本就頭也不回地「變」了，也不必再繼續「人財兩失」下去！

以下會提供許多「變心」警訊，提供沉浸在愛河中的盲目情人們作為檢視另一半的放大鏡。

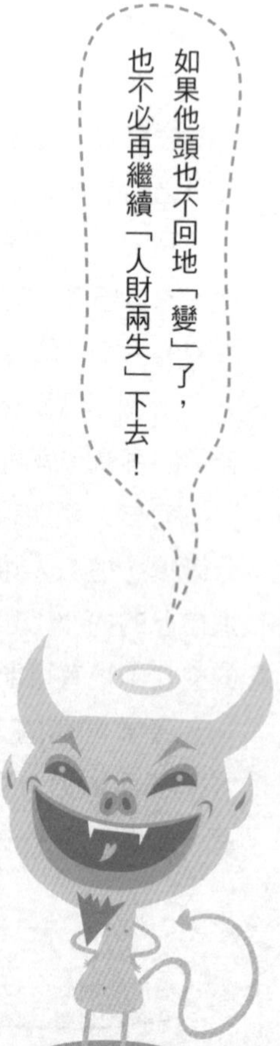
如果他頭也不回地「變」了，
也不必再繼續「人財兩失」下去！

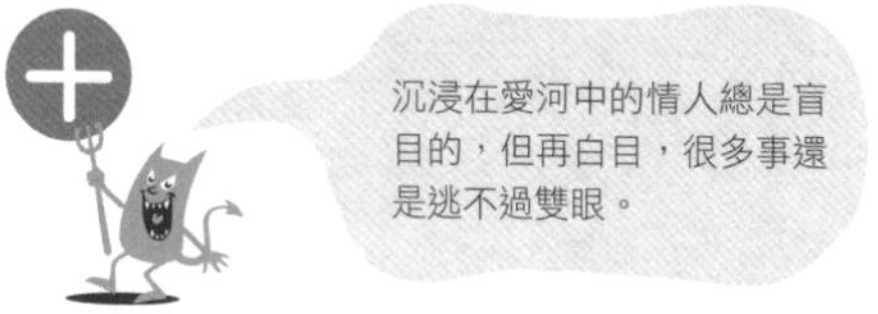

男人變心前常見的表情

男人一旦變心，雖然在正式破局前都還會偽裝，但是他的心思卻會不經意地寫在臉上，只要女人學會察言觀色，你將會發現許多蛛絲馬跡，早一步地從這場風暴中抽離。

漠然的表情

當男人變心後，他的第一特徵絕對是漠然。對你漠然，對你的朋友漠然，對你身邊的一切漠然。即便是你加班到很晚，他也不會打電話來問候一句，更別奢望他到你公司樓下接你。總之，當你希望他能夠關心你的時候，你會突然發現他消失不見。

裝傻的表情

其實，要做到漠然很容易，只要學會裝傻。比如，他明明知道你下班後很累，他也會裝作看不見；比如他明明清楚你的疑惑，也會裝作一臉無辜。大家都說男人是永遠長不大的小男生，尤其是在裝傻這一方面，他們絕對有著天生

的稟賦。

忙碌的表情

突然從某一天開始，男人開始異常地忙碌起來。今天不是需要加班，明天就是需要應酬，就連後天也被開會和充電課程擠滿。你發現曾經屬於你們的時間被他的忙碌從日曆裡抹掉，他是不是真的忙不重要，重要的是他再也不會忙著圍著你轉。

嗜睡的表情

你曾經非常心疼他，因為他的休息時間總是那麼的少；但是你現在開始不明白，為什麼他回到家裡只喜歡睡覺？當你還在忙於家務時，他已經躺在床上；當你想和他聊聊天時，他告訴你他想睡覺了。對於變心後的他來說，家裡只是一個睡覺的地方而已。

沉默的表情

有些男人天生不善於掩飾，當他的心不再屬於你的時候，你們之間的任何如果男人已出現「變心」表情，請別再自欺欺人、趁早覺醒！

話語對他來說都成為了多餘。尤其是你的嘮嘮叨叨，更是讓他覺得煩躁，便開始沉默不語。別懷疑了，當他對你的嘮叨開始不耐煩時，或當他開始對你沉默時，他的心已經不在你這裡了。

忘記的表情

當男人愛著你時，他的記憶力會非常的出色，他會記得你們之間的每一個小小的紀念日。可是，當你的男人變心之後，他的記憶力也會慢慢衰退。那些曾經銘記在他生命裡的數字，從此開始慢慢消散。即便是他記得某些重要日子，他也會寧可選擇忘記。

自私的表情

愛是偉大的，愛是能夠包容一切的，所以，當兩個人之間有愛的存在，便有了一切幸福的可能。只是，當愛情消失時，當你的男人不再愛你時，所有的包容和寬恕便會消失得無影無蹤。他會為了自己的利益而忘卻你的權利，他會努力的去做一切事情，只為滿足自己的自私。

✩憤怒的表情

以前的他，肯定不會容易動怒，即便是你犯了一個不小的錯誤，他也會憐惜地摸著你的頭。可是當他變心之後，你的任何一點點小紕漏，都會成為他勃然大怒的理由，哪怕是米飯煮得有一點點生硬。對於你來說，已經沒有什麼事情能讓看順眼了。

以上變心的表情是以情節重大為區分，越往後面的選項接近愛情最終回的機率越大，雖然讀起來十分心痛，但與其繼續欺騙自己的心，不如早一點嗅出分手的味道，狠下心離開這個負心漢，飛向下一個懂得疼你的有心人身邊吧！

小人照妖鏡

情人的花心基因驗得出來。

在精神心理科工作了10餘年的林博士曾表示，從進化角度來看，雄性動物之所以求愛，爭奪的就是「廣泛播種權」，只不過有的人表現得更為明顯，就會被認為花心。林博士認為，男人「花心」會出現在以下三種情況：

1.夫妻或男女朋友，他們對性和情的理解不一致。

如果一方保守，另一方開放，這會導致兩人在性關係上的不滿足，讓其有向外探尋的機會。曾經有研究顯示，過了18個月的愛情保鮮期之後，「花心」基因強烈的人，可能就耐不住這份平淡。

2.有中年危機的男性，很可能迎來「第二春」。

由於事業漸入佳境，經濟獨立，如果再加上中年危機，這時就會變得「花心」。

3.精力過人，性欲強烈。

如果沒有充沛的精力，男人很難周旋於「群花」之中。所以，精力旺盛之人，往往也容易花心。

以上雖然是生物學的解釋，但還不足成為男人劈腿的理由，最終還是取決於他在不在乎道德那支尺。

你身邊的朋友是貴人多，還是小人多？

有的人天生有貴人運，不管遇到什麼，總能在最後關頭化險為夷。可是有人卻一生小人相隨。那麼你身邊的朋友是貴人多還是小人多？請憑直覺選一組自己最喜歡的顏色。

A 綠色跟藍色。

B 藍色跟橘色。

C 橘色跟紫色。

D 橘色跟紅色。

解析：

A：你的朋友當中，貴人比較多

這些貴人年紀都會比你大，有可能是在職場認識的長輩。

如果你不富有，他不會直接投資你，而會報財路給你，例如：近期可以投資哪一檔股票，或是幫你介紹工作，間接地提供一些好處給你。

B：你的朋友當中，貴人、小人各半

你的朋友中，有些朋友會幫助你提升能力，其他的人就是陪你沉淪的，因為藍色是在事業當中，可以幫助你成長的能量，橘色則代表你會跟很多人很好，常常出去玩樂，來排解你的寂寞。

C：你的朋友當中，小人比較多

橘色代表你是很感性、很信任別人的人，但紫色代表的是小人就藏在你背後，所以他有可能是你最好的朋友，常常嘲笑你的夢想、貶低你的能力，讓你不敢做夢。

D：你的朋友當中，媒人比較多

基本上你的貴人都來自於工作，而且可以交到很知心的好友。這些同事會幫你介紹對象，也可能幫你解惑，所以你會透過他們拓展姻緣，或是幫你指出明路。

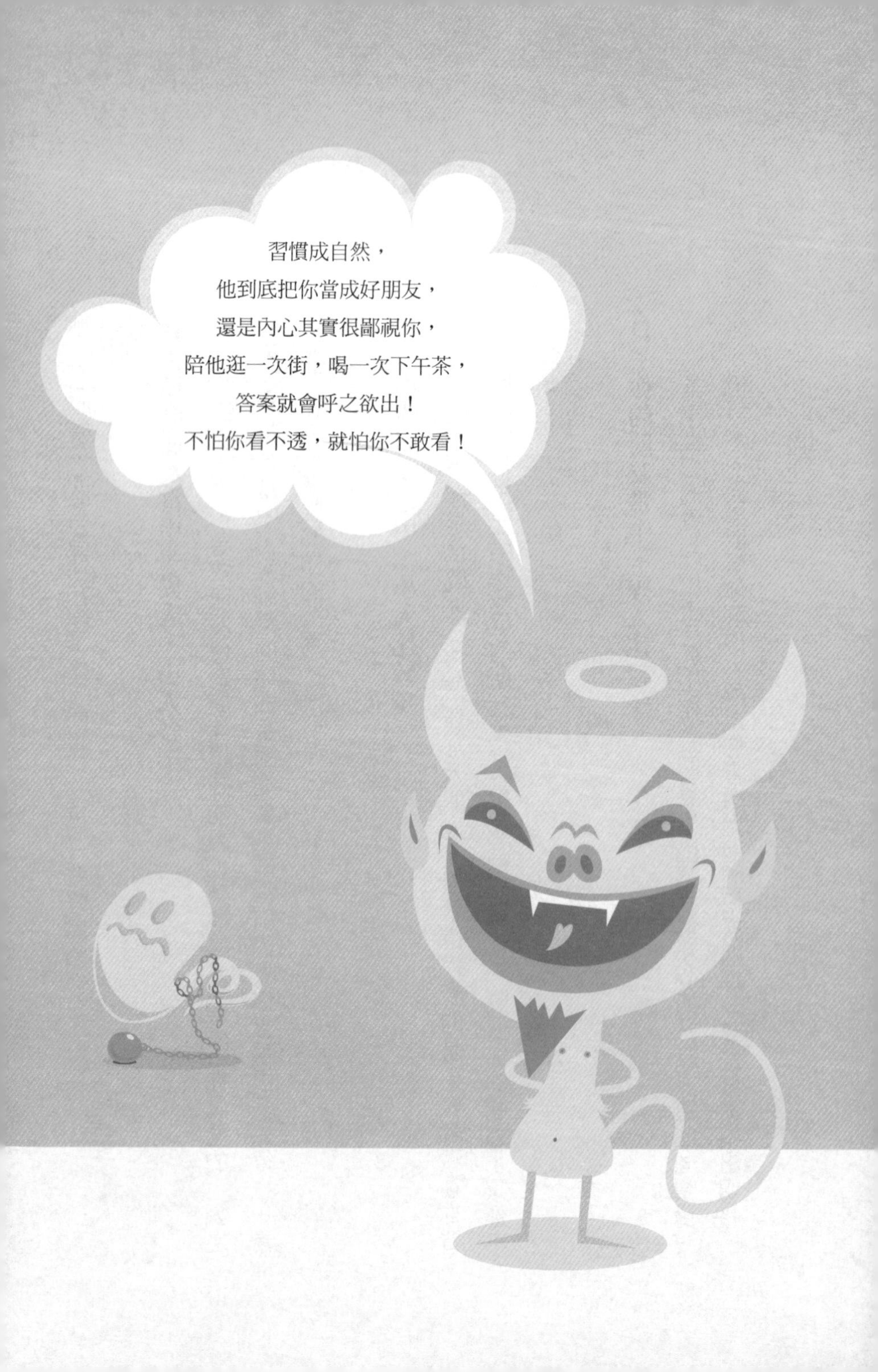
習慣成自然，
他到底把你當成好朋友，
還是內心其實很鄙視你，
陪他逛一次街，喝一次下午茶，
答案就會呼之欲出！
不怕你看不透，就怕你不敢看！

3

Chapter

了解小人慣性，準確判斷一刀斃命！

To see through the real personality of bad guy.

花錢如流水的人，翻臉比翻書還快！

近幾年，關於缺錢而犯罪的社會案件層出不窮，也揭露了貧富差距加大的社會實況。

在高速公路上，開著名貴跑車的人呼嘯而過，完全不在乎鉅額的超速罰單；但鄰車的年輕業務卻可能在精算著每個月的油錢。弔詭的是，因為受到信用卡借錢消費文化的洗腦，很可能那位開著跑車的瀟灑男戶頭裡的存款數字比那看來寒酸的業務還少。因為每個人的消費習慣，決定了生活的品質，即使現在非常富有，如果浪費成習慣，很可能永遠都等不到退休的那天。

多麼戲劇化的人生，但這就是現實。金錢可以幫助我們擁有更好的生活，

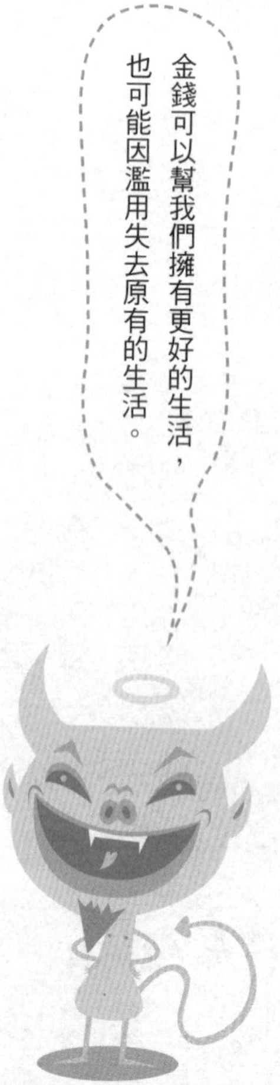
金錢可以幫我們擁有更好的生活，
也可能因濫用失去原有的生活。

也可能因濫用失去原有的生活，所謂的「性格決定了命運」就是這個意思，既然如此，只要學會從消費習慣判定這人到底只是「一時周轉不靈」還是「扶不起的阿斗」，從觀人到觀己，徹底地與這種信用破產的人劃清界線，就能避免存了一輩子老本還被金光黨淘空。

看他把錢花在哪裡？

把錢用在旅遊與探險的人，易成就大業

這種人富有冒險精神，他們的人生價值在於取悅自己和挑戰極限。這種性格的人喜歡親近自然，欣賞山光水色，崇尚自然的他們性情溫和，平易過人，也由於他們喜歡到各處增廣見聞，所以接受新事物的能力很強，在人生中也敢於冒險，因此很有機會成就大事業。

把錢花在珠寶、服飾上的人，最可能被現實打趴

這種人喜歡華美的東西，他們的人生價值就建立在追求完美的基礎上。他

們是理想主義者，但也有可能是最容易在現實中一蹶不振的人。

✡ 把錢花在名貴轎車上的人，花越多賺越多

有這種嗜好的人，往往有強烈的上進心，大多有渴望成功的企圖心，同時他們也具備堅持不懈的精神和百折不撓的毅力。因此，無論是生活還是工作，即使遇到什麼難題，他們也會堅持到最後，正由於這種敢衝敢拚的精神，即使他們花得多，也會想辦法讓自己賺得多。

✡ 把錢花在豪宅上的人，沒有野心的老實人

老是想要買自己房子的人，在成長的道路上可能缺乏關注，使得他們與他人交往的時候，總是渴望得到別人的肯定與認可。雖然他們有機會真的存到一棟房子，但是他的人生可能開始止步不前，當個包租公、包租婆過日，你可以說他沒有野心，也可以把他看作是一個築夢踏實的人。

愛花錢買珠寶、名牌的人，
小心因好高騖遠，被現實打
趴！

看他對用錢的態度

把錢積攢起來，捨不得花錢的人，錯失發展先機

這類人其實不太了解自己真正喜歡的東西是什麼，所以在購物前會比較理性判斷、分析自己是不是真的需要買這件東西。雖然會因簡約而累積不少財富，但也會因為眼光一直停留在眼前具體的事物上，而錯失了可以發展的機會。他們的思想保守，但從另一方面來看，卻是值得信任的人。

花錢謹慎的人，只做利人利己之事

這種人善於觀察和思考各種現象，做任何事情之前總會經過認真地評估，然後才會選擇對自己最有利的方式。與人交往時，他們有時候也會設身處地替對方考慮，行為舉止總是十分謹慎，深怕自己會做出任何損人又損己的舉動。

喜歡一個人花錢的人，常忽略別人想法

這類人比較自私，無論是在生活還是工作中，他都是相較獨立自主的人。

工作時，他們會展現出很強的工作能力，但是他們只在乎自己的感覺，而忽略了周遭人的感受與想法。

只為喜歡的東西花錢的人，不會為別人改變

這類人通常個性鮮明，性格堅毅。無論是工作還是生活中，他們的目標都十分明確，不會因為外界的干擾而改變自己的態度，因此更容易獲得成功。

有錢必花的人，喜怒無常

這類人在購買東西時，他們不會考慮是否適用或是商品的價格，只要是自己喜歡的就一定會買。所以他們比較任性，而且情緒變化較大。在工作上，因其做事時容易衝動，缺乏思考，很難獲得成功。

因為他們情緒不穩，喜怒無常，會令周圍的人不敢接近，因而也不可能有很好的人際關係。

喜歡快速花錢的人，不懂得吸取教訓

這類人性格豪爽，做事乾脆俐落。他們個性開朗大方，而且活力四射，無

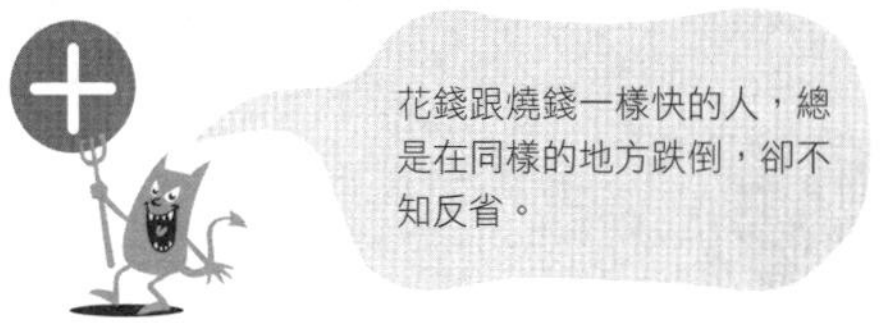
花錢跟燒錢一樣快的人，總是在同樣的地方跌倒，卻不知反省。

論是在生活還是工作中，都喜歡直來直往，不喜歡拐彎抹角地做人。正是由於缺乏縝密的思考，所以常常容易後悔，但又不能從中吸取教訓。不過，他們開朗的性格會為自己贏得很好的人緣。

從上面這些讀心訊息，對於身邊的人哪些是「真富有」？哪些是「裝闊氣」？相信你心裡已經有數了。寧願和那些消費保守的人做朋友，也不要和那些老是貸款消費的人成為酒肉朋友，同享樂的時候，自然是很開心，但這些人一定不會陪你共患難的啦！

小人照妖鏡

肚子餓的時候，更容易亂花錢。

為什麼我們在肚子餓時候，荷包反而會失血地更快呢？原來這會讓人們心情舒暢、精神變好，以下除了說明饑餓時愛花錢的緣由，更提出幾個會讓心情開朗的怪招：

1. 人在饑餓的時候愛亂花錢：科學家發現，人在饑餓時會分泌出「饑餓激素」，讓人們對貨架上的物品垂涎欲滴。不僅覺得食物更加誘人，對其他商品也更容易動心。

2. 自言自語有益健康：心理學家研究指出，其實沒有必要非找人聽自己嘮叨，自言自語或許更有益健康。對自己傾訴煩惱，一來可以調節自身情緒，二來能夠理清頭緒，幫助自己更理智地看待事情。而且不會耽誤別人的時間，更不會洩露自己的隱私。

3.「出糗」讓心情更開朗：心理學家艾理斯發明了一種「打擊羞恥」的練習方法，他讓受試者在公車上大聲地報站名，或是跟陌生人借一塊錢等等。做完這些「蠢事」後，人們覺得很多擔心的事「不過如此」，從而心情大好。這些「出醜」的行為會讓人大大提高被人嘲笑的「免疫力」，而把自認為很困難的事情輕鬆地解決了。

喜歡和朋友買一樣表面功夫一流！

上篇已經談過各種消費習慣代表的性格，不過如果只是單純地逛逛街，其實更可以輕易地從購物的方式看穿這個人，到底是不是一個表裡如一的人，趕快看一下你身旁好友的購物方式吧！這是一個更深入了解他的好機會。

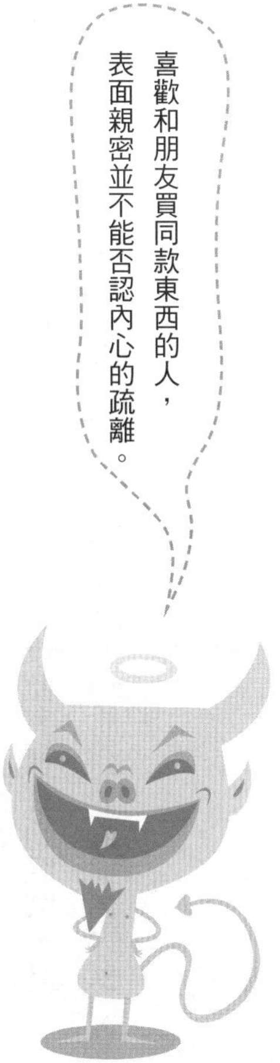
喜歡和朋友買同款東西的人，
表面親密並不能否認內心的疏離。

購物習慣看真心

喜歡和朋友一起購物

有些人喜歡和朋友買同一品牌甚至同一種款式的衣服，以此來顯示彼此的深厚情誼。其實這樣的人性格多疑，不易輕信他人，付出感情時喜歡做表面功夫，常常是表面上看起來很要好，實際上並沒有與朋友有多麼親近。

這樣的人一般都是獨生子女，即便不是，也不太清楚手足情深的真正含義。雖然他們樂衷於和朋友義結金蘭，實際上這只是他用形式來象徵感情的方式而已，他們並沒有真的放感情。

和這種人交往時不要期望太多，他們能共富貴卻不願雪中送炭，表面上的親密並不能否認他們內心的疏離。

☆對很多東西都感興趣，卻拿不定主意買什麼的人

他們待人熱情，工作積極能幹，喜追求新鮮事物。這種人剛認識時會帶給別人熱情、健談、外向的印象，但是一旦深入了解或彼此有利益衝突時，其心胸狹窄和愛斤斤計較的本性就會暴露出來，這將成為阻礙他們事業發展的弊病。

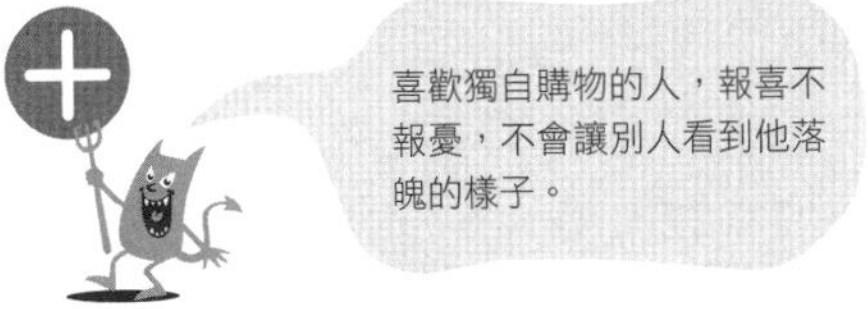

喜歡獨自購物的人，報喜不報憂，不會讓別人看到他落魄的樣子。

購物時喜歡和別人商量，比如品質、價錢、是否正品？

這樣的人獨立性差、不成熟，性格有些懦弱、畏縮。由於缺乏主見和領導力，他們只能成為他人的追隨者、服從者、執行者，而不能在自主事業上有所建樹，屬於「聽幾分話，做幾分事」的人。

喜歡獨自購物的人

這類人感情內斂、處世成熟。

這樣的人就是我們常說的「報喜不報憂」的類型，他們永遠不會告訴別人自己現在面臨的困境和挫折，更不會讓人看到自己的落魄和窮困，並且非常在意自己在他人眼中的形象。

不過如果是在買便宜東西時才選擇獨立前往，則顯示了其虛榮的一面。

有些女性在與男朋友一起購物時，會特地去買花車裡的便宜貨

這種尚在戀愛階段就迫不及待地向對方展示自己樸素勤儉一面的女性，實際上是偽善、功利的。因為這樣很可能會為對方帶來壓力，而她只想在他人面

前表現自己，而不去考慮對方的感受，就反映了其性格裡極為自私的一面。

☆有計劃購物的人

總是把什麼事情都規劃清楚的人十分理性，個性保守，缺乏變化。他們習慣進行有計劃的投資，只買必要的衣物，而且通常會穿很久。

這類人創新能力較差，而且缺乏探索精神，做事比較中規中矩，會給人可靠、穩重的感覺。建議這樣的人可以多給自己一些嘗試新事物的機會，會使生活更多采多姿。

☆購物時喜歡精打細算，卻常常入不敷出的人

因為這類人總是憑直覺買東西，無論是第一眼看中的東西，還是商場打折、降價的商品，他們都會因為喜歡，或者覺得划算而衝動地將其買回家。通常他們的自制力比較差，無法約束自己的行為，對自己的缺點一再放縱。

有時候，他們也許在逛街之前並沒有什麼想買的東西，卻能在逛完之後大包小包地提回家，是典型的衝動型購物者。這種毫不收斂的購物方式很可能使

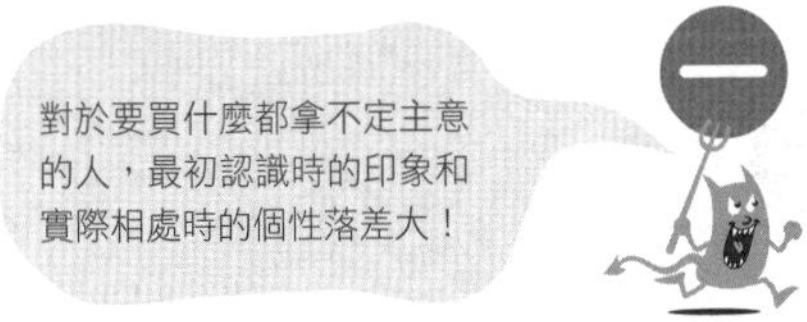
對於要買什麼都拿不定主意
的人，最初認識時的印象和
實際相處時的個性落差大！

他們陷入經濟上的困境，而且會因為買了太多不需要的東西而造成浪費，其自制的能力需要加強。

購物其實也是一種釋放欲望的行為，有時候我們買的東西，並不代表我們真的需要，而是想要從自己擁有這個東西的行為，去獲得滿足。

如果常常有和朋友一起出門壓馬路的機會，就可以從他購物的習性中，了解這個人的性格，能用更細微地角度去結識朋友，相信在朋友圈也能無往不利！

小人照妖鏡

女性從眾意識高於男性。

「從眾」是一種比較普遍的社會心理現象，通俗地解釋就是「人云亦云」、「隨波逐流」。一般而言，大多數人的意見比個人更具有科學性，少數服從多數，也有可取之處。但是，若不加思考便盲目地服從多數，而不先考慮自己是否合適，可能會因此鬧出笑話。

在人類的潛意識中有一種強烈的歸屬感，當個人的感覺與大多數人的意見發生衝突時，為了使自己不被別人認為是「標新立異」，不被群體所排斥，我們通常會放棄自己的看法，而選擇和大多數人的意見趨於一致。

不同類型的人，從眾行為的程度也不一樣。一般而言，女性從眾機率高於男性；生活閱歷淺的人比閱歷豐富的人更易於從眾；自卑、內向、沒有主見的人，比自信、外向、有個性的人較易發生從眾行為。

我們每個人都是與眾不同的，盲目的從眾將會讓自己失去獨特的魅力。有了自己的理念與方向，儘管身處芸芸眾生之中，依然可以放出迷人的光彩。平凡，卻不平庸。

看辦公桌就能分出職場貴人和小人！

對於身處職場的人來說，辦公桌就代表著一個人的「形象」，雖然單憑辦公桌的擺設來判定一個人的能力有失公正，但心理學家認為，從一個人辦公桌的擺設情況，卻能折射出一個人在工作時的心情和真實個性。

當你走過辦公室，只要觀察每個人辦公桌的情況，就可以大致的了解這個人的個性特徵。而辦公桌的具體擺放情形可以從以下幾個角度來分析。

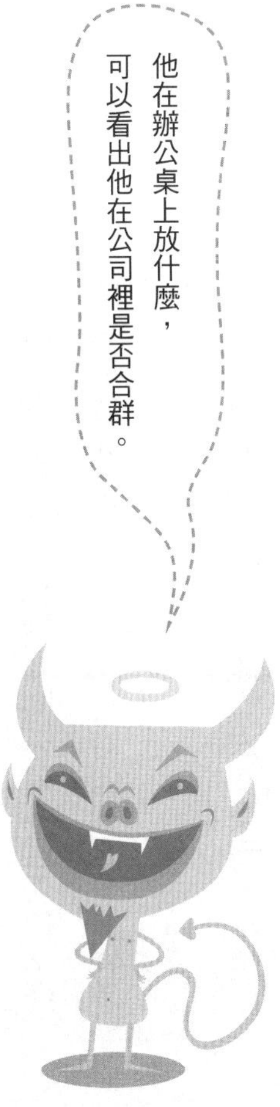
他在辦公桌上放什麼，
可以看出他在公司裡是否合群。

他在辦公桌上放什麼？

擺設小盆栽的人，工作認真又負責

擁有這種習慣的人性情穩定，頭腦冷靜，崇尚自然，喜歡舒適自由的環境。但這類人在處理問題時會特別謹慎，能夠理性地解決。

這類人大多都懂得享受生活，但這些並不妨礙他們的工作能力。工作時，他們會抱著嚴肅認真的態度，如果遇到什麼問題的話，他們也會勇於承擔起自己的責任。

擺設小玩具的人，樂觀又合群

這種辦公桌的主人，性格活潑開朗，充滿個性色彩的玩具，就表現了他追求自我的表彰。即使當下所處的環境過於枯燥無味，因為他們懂得生活的情調，所以總會主動地改變周圍的環境。

這類人內心感情比較豐富，也比較重視人際關係。他們大多樂觀，雖然自己在現實生活中曾受到打擊，但是也會很快放下負面的情緒。

喜歡在辦公室擺設家人照片的人，也會希望和同事如家人般相處。

擺設家人照片的人，會主動關心同事

這類型的人思想保守，家庭觀念較強，他們很在乎自己的家庭。

不過他們團體意識比較強烈，一旦和這種人成為朋友的話，他們會主動地幫忙許多事情，為辦公室營造一種和諧溫馨的環境。

不擺設任何東西的人，公私分明

這類人性格豪爽，做事不拘小節。其他有這種習慣的人做事態度嚴謹，在他們的潛意識裡，總是把公私分的特別清楚，他們也不喜歡和同事一起交流，有時候過於嚴肅，難免顯得不近人情。

他的辦公桌整齊，還是髒亂？

辦公桌擺放整齊乾淨的人，做事要求完美

有這種良好習慣的人愛乾淨，喜歡井然有序地處理事情。這類人性格內

向，思想傳統，做事腳踏實地，所以值得大家的信賴。

美中不足的是，他們有時候做事過於講究原則，同時會要求身邊的人也達到自己的要求，難免會給人一種斤斤計較的感覺。如果他人一旦沒有達到自己的要求，便會明確地表達出自己的不滿，有時候會對別人的失誤評論過度。

☆辦公桌雜亂無章的人，做事不按牌理出牌

這類人不注重自己的外在形象，從辦公桌的情形來看，他們總是很忙碌，做事沒有任何計劃性，更不注重條理清晰。

但他們性格開朗，善於交際，在人際關係的處理上會顯出自己獨特的一面。在外人看來，他們喜歡追求自由的生活，不喜歡把自己束縛在那些規矩裡面，同時他們又會過於實際。

生活中，因為他們的毫無條理的想法，會讓他們總處在一種忙碌的狀態之中，只有在做一些重大決定之前，他們才會認真地考慮，所以有時候會顯得遲疑不決。

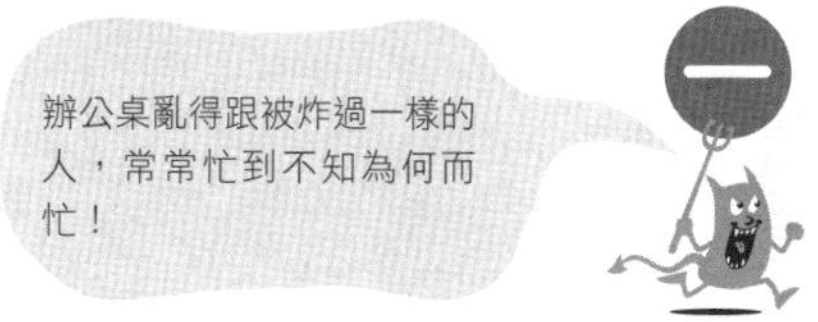

辦公桌亂中有序的人，勇於接受挑戰

擁有這種習慣的人，雖然私底下可能不太注重自己的形象，但是只要牽扯到工作方面他們做事便會條理清楚，講究原則。這類人往往擁有敏銳的觀察力，同時會嚴格要求自己，還能看清他人或自己的缺點，將人才用在最適合之處。

這種性格的人富有挑戰精神，對於那些有能力的人，他們也很欣賞，但這類人喜歡接受更高的挑戰。工作之中，他們往往會保持很高的熱情，所以會讓周圍的人產生一種距離感，讓人不敢親近。

如果可以透過簡單的讀心術就能了解主管、同事的性格，你就知道誰是自己的貴人潛力股？誰是在小人黑名單中？更重要的是，當你能看清楚別人的底線，就永遠不會踩錯地雷，背上「小人」的罵名！

小人照妖鏡

辦公室越亂，工作效率越高！

很多人要求把辦公桌整理得井井有條、一塵不染，以為這樣工作效率會更高。

然而，據英國《每日郵報》日前報導指出，其實隨意、凌亂一點的辦公桌，似乎可以讓工作者的思維更加清晰。

在《消費者調查》期刊上的一項新研究，對人們在不同環境中的工作效率進行了調查比較。

結果發現，身處較為凌亂的環境中，例如：雜亂的辦公桌、應有盡有的雜貨店時，人的思路會更加簡單、明確，因而提高效率。

荷蘭格羅寧根大學的研究人員加以解釋，很多人認為凌亂的環境容易干擾思維和判斷，不過事實表明，視覺的雜亂反而會迫使人們理清思路、激發創造力。像著名科學家愛因斯坦的桌子就非常凌亂。

研究者進一步表明，對於那些平常做事非常保守、謹慎的人而言，偶爾讓辦公桌「放縱」一下，或許在工作上的成效會更加明顯。

開車亂按喇叭的人，缺乏問題解決力！

時常可以在市區的路上看到那些在塞車陣中硬要切換車道去的駕駛人，真不知該說他們是「自信過頭」（相信自己絕對不會擦撞到別人的車）？還是以為這樣強勢的作風之下，別的車就會自動讓開？會有這樣行為的人有可能是個自私鬼，也有可能是個脫線的人。其實只要細心觀察一下那些駕駛人，你會發現各種行車的方式正恰恰地代表了駕駛者的性格。

所以，從這個人開車的方式就可以看出他到底「很大尾」，還是「落翅仔」？當你下次塞車時，稍微留意一下路上其他駕駛人的開車習慣，相信就不會那麼心浮氣躁了！

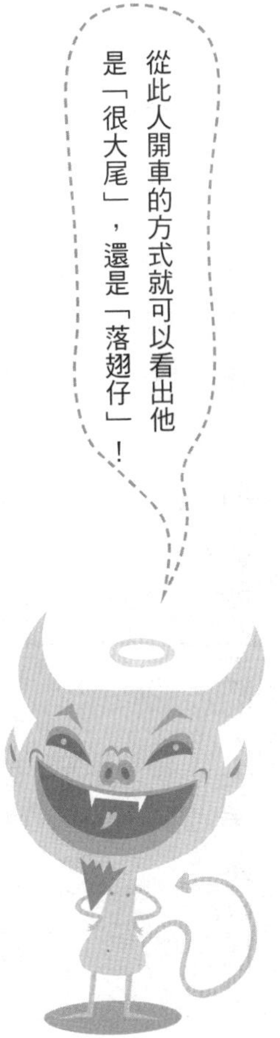
從此人開車的方式就可以看出他是「很大尾」，還是「落翅仔」！

開車速度是急驚風還是慢郎中？

心理學家認為，從開車的方式完全可以看出一個人的心理狀態，具體分析如下：

按規定車速行駛的人，真誠可靠

這類人思想保守，無論是在生活或工作中，他們都缺乏冒險精神，對於新鮮的事物，缺乏嘗試的精神。

對他們而言，車子不過是一種交通工具罷了。這類人真誠實在，為人憨厚老實，做事嚴格遵循原則，遵紀守法，對工作上的事情會認真以對。

因為做人實在，所以與人交往時，能夠獲得他人的認可，人緣較好，能夠輕易與周圍的人建立良好的人際關係。

比規定速限慢的人，易對他人眼紅

這類人生性膽小怕事，做人畏首畏尾，有時候會讓身邊的人失望，儘管他們也會為此苦惱，但是卻無能為力。

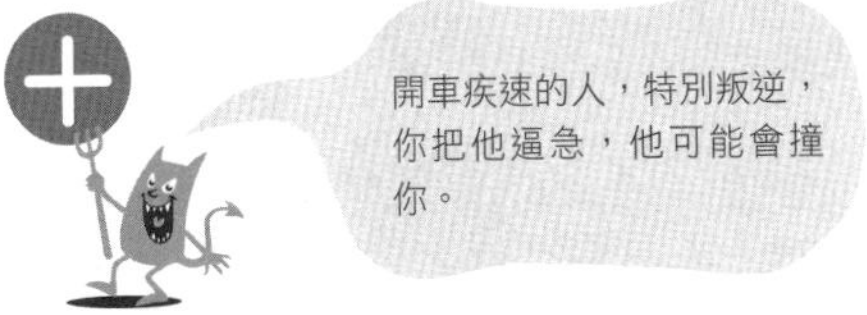
開車疾速的人，特別叛逆，你把他逼急，他可能會撞你。

不過他們的嫉妒心也很強，看到比自己優秀的人，內心會升起妒恨，但由於缺乏足夠的自信和能力，而無力追上，見不得人好，只好講些不中聽的酸言酸語。

其實他們的內心很矛盾，一方面希望有機會得到至高無上的權力，同時卻又擔心一旦權力到手後，卻又不懂得如何發揮效用。

☆比規定速限快的人，視名利如浮雲

這種人往往不願意受到紀律的約束，喜歡自由自在的生活。

他們具有強烈的自主意識，討厭遵從別人設立的規矩，而且非常叛逆，如果他人試圖逼他就範，可能會極端的反抗。

不過其實這類人是認真追求生命價值的人，能夠以樂觀向上的態度來面對生活。他們大多會把自由快樂看得比任何事都更重要，而忽視名利，對權勢和金錢嗤之以鼻。

開車習慣好不好？

塞車時，會頻繁按喇叭的人，有潛在暴力傾向

這種性格的人通常脾氣暴躁，情緒變化大，生活中如果遇到不如意的事情，他們可能會隨時發火，有時甚至會用暴力解決問題。

他們缺乏足夠的耐心，且隨機應變的能力也不是很強，如果一旦遇到什麼問題的話，可能會借助高聲謾罵來表達心中的焦慮和不安。生活中，這類人往往缺乏足夠的信心，與人交往時，總顯得焦慮和不安，難成大事。

開車不換檔的人，勇於追求自我人生

這種人喜歡冒險和探索，他們對於那些別人安排好的東西，發自內心地感到排斥。相反地，他們更熱衷於去探索一條屬於自己的道路，即便前進的途中會遇到各種難題，他們也會樂此不疲。

他們有時會固執己見，不會輕易接受別人的意見和建議，做事全憑自己的感覺，但是他們卻樂於提供他人幫助。

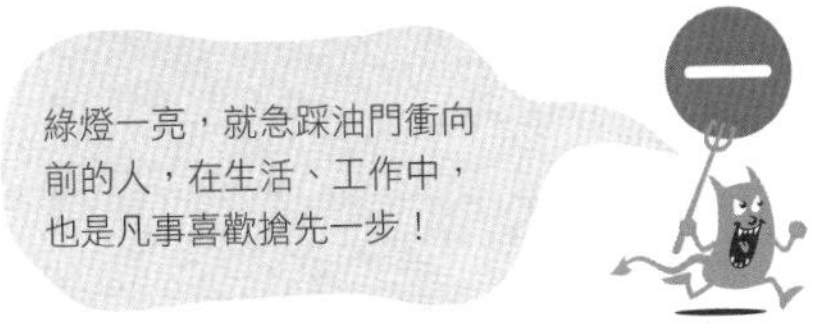
綠燈一亮，就急踩油門衝向前的人，在生活、工作中，也是凡事喜歡搶先一步！

這種人通常責任心強，與人交往時，喜歡把責任往自己身上攬，而且頗有毅力，如果下定決心的話，他們會盡職盡責地把任務完成。

☆綠燈一亮，就馬上發動的人，好勝心強

這類人生活態度積極，而且腦中充滿了競爭意識。

他們頭腦靈活，反應也比較快，具有很強的隨機應變能力，但是內心深處好勝心較強，凡事都喜歡搶先一步完成。

這種強烈的競爭意識會讓他們更容易獲得成功，但是有時卻會因過度莽撞、缺乏經驗而失敗。

☆總是綠燈亮後，才開始慢慢發動車子的人，深怕麻煩

這類人性格冷靜、沉著，凡事總以安全第一，在內心深處時刻把小心謹慎當成座右銘。

他們平時也總是低調行事，從來不會過分的張揚自己，希望這樣做可以避免引來他人的嫉妒之心，為自己減少不必要的麻煩。

不過，因為他們缺乏競爭意識，只要生活平穩就好，所以在事業也不會有太大的作為。

這些讀心的技巧，不懂可以在你開車上路時發揮作用，當你坐上朋友的車上的副駕駛座時，更可以觀察他到底是開車時會「暴衝」，還是「禮讓為先」的人，因為行車習慣就像「酒品」一樣，可騙不了人！

小人照妖鏡

開車聽重搖滾樂，反而分散注意力。

炎熱夏季情緒會容易煩躁，開車族更極易出現「開車煩躁症」。心理專家提醒，舒緩的音樂能讓開車族心情愉快。音樂也能刺激神經系統，緩解駕車疲勞，增強警覺性，降低車禍的發生機率。

英國謝菲爾德大學音樂心理學家尼柯拉．迪本曾就開車聽音樂對1780名司機進行調查。在沒有行車事故的司機中，63%的人喜歡在開車時聽音樂。與沉悶駕駛或和朋友聊天相比，音樂能讓司機達到最佳的反應狀態。但同時，迪本並不歡迎搖滾和重金屬音樂，因為雜訊太大會讓司機分散注意力。

所以，開車時，有些音樂千萬不能聽！

搖滾樂：許多司機喜歡開車時把音量放大，跟著強勁節奏，身子也會不由自主地搖擺。適當勁爆的音樂可以讓駕駛者振奮精神，趕走疲勞，但「高調」過了頭容易引發車禍。

靡靡之音：像恩雅、肯尼· 吉這類的歌曲，喜歡的人很多但空靈縹緲的音樂很容易把人帶入一種冥想狀態。這樣的音樂聽久了，難保不產生「催眠」作用。

簽名大又亂，自戀情結甩不開！

國外研究筆跡心理學已長達三百多年的歷史。在筆跡學的發展過程中，19世紀末德國耶拿大學的心理學教授Wilhelm Preyer曾根據對筆跡的探索，提出了大腦決定筆跡的假設。

後來經過對一些失去手臂，改而用嘴或腳趾寫字的殘疾人進行實驗，發現他們的筆跡特點並沒有因此而改變，從而證實了他的假設，並在他後來出版的《筆跡心理學》一書中，提出了著名的「筆跡乃心跡」之說。

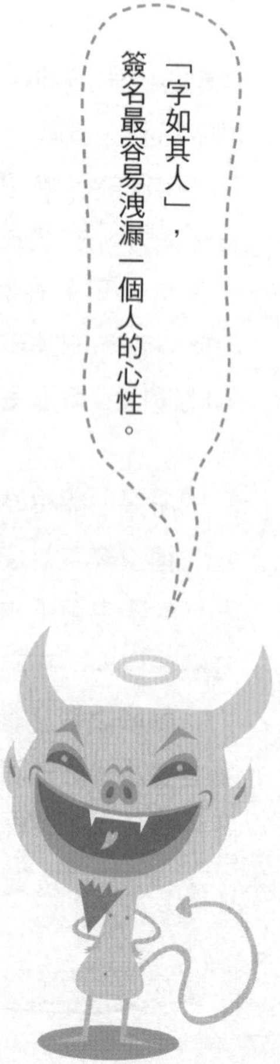

簽名時字很小的人，喜歡隱藏自己真實的想法。

他的簽名字型大還是小？

名字，是人一生中寫得最多的幾個字。所以也最容易趁著他人簽名時，觀察其筆跡，以了解此人的性格。古人有云：「字如其人。」就是這個意思。以下是以寫信時，與信件內文相比的簽名大小來判別其心性：

簽名字體比內文大，且富有修飾感的人

這類人內心充滿自信，甚至有些自戀傾向。他們會有強烈的自尊心，與人交往時，注重在他人心目中的美好形象。

在事業上，他們有渴望成功的企圖心，而且總認為自己的能力出眾。

簽名字體比內文小，且放在角落裡的人

這類人內心非常自卑，與人交往時，他們會喜歡把自己隱藏起來，大多數都性格內向。正是因為他們缺乏自信，所以在為人處事上，也會相當地謹慎，對於人我分寸心中自有一把尺。

簽名字體與內文大小相當的人

這類人會把別人放在第一位，對於別人出錯的時候，他也會寬容以待，平易近人。因此，他們往往擁有良好的人際關係。

他都簽什麼字體？

漢字的書寫方式多變，大體上可分為篆書、隸書、楷書、行書、草書、魏碑等字體。人們在簽名過程中，會依習慣選擇各式各樣的書寫字型，不管使用何種字型簽名，都反映了簽名者的性格、愛好。

喜歡用楷書簽名的人

這種人待人處事就像楷書一樣，方正規矩。他們心地純正，給人一種穩重誠實的感覺。

生活中，他們能夠做到言行一致，做事喜歡循序漸進、按部就班。唯一不足的地方是，性格過於誠實，會讓人覺得他們思考不靈活，反應太慢。

喜歡簽名簽得跟鬼畫符一樣的人，常常口直心快得罪別人，還自以為幽默！

☆喜歡用行書簽名的人

喜歡採用行書簽名者大多思想通達，性格豪爽，且反應比較機敏。

這類人往往做事積極主動，為人也比較隨和，但是看似平和的外表下，卻有點急躁，容易發脾氣。

☆喜歡用草書簽名的人

這類人性情練達，心直口快。通常很熱心，生活上卻不拘小節，有時候因為自己的心直口快得罪了他人還不自知。

他們通常熱愛藝術，追求那種絕妙的境界，且擁有為之奉獻的精神但這種人的情緒起伏也比較明顯。

☆喜歡用行草書體簽名的人

這類人情感豐富，性情開朗，待人做事都能通情達理。與人交往時，充滿熱情。

工作時，他們思慮縝密，有較強的組織管理能力，也會為了贏得成功而奮勇向前。

他們大多喜歡藝術，愛好文學，在外人看來，這類人往往舉止灑脫，氣宇非凡。

✡喜用隸書簽名的人

這種人頭腦精明，有很高的天賦，儘管如此，他們還樂於學習，並不斷地充實自我。

他們喜歡三思而後行，在沒有十足的把握下，不會輕易表態。雖然性格比較沉穩，但是有時候也會受到外界的影響，卻不會為此而失去自己的原則。

✡喜用魏碑簽名的人

這類人內心剛毅堅強，有很強的自我意識。在工作和學習時，他們總會為自己樹立遠大的目標，並會付出努力。在做出決定前，他們不會聽進別人的規勸，有時候會顯得有點固執。因此，在職場上，有這種性格的人往往很難受到重用。少部分人，還專門喜歡拉攏權貴。

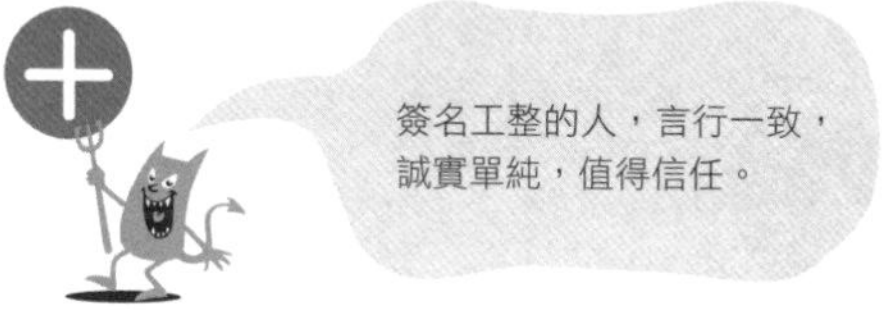

許多大企業家在尚未成功之時，都會有練習簽名的習慣，因為他們相信有朝一日一定會在重大合作案件中留名，或是未來一定會成為一個負責審查、監督進度的大老闆。

在中華文化中，常有練毛筆字以修心性的課程，可見得寫字與一個人的性格的確脫不了關係。所以，如果想修正自己某部分性格，或許平時可以多練練字、寫習字帖，當你將自己的簽名練工整的那刻，或許也扭轉了原先不好的個性，小人自然離你遠去。

小人照妖鏡

筆跡越重，個性越冥頑不靈。

以下更多關於筆跡的分析，可以更深入地了解人性：

書寫重者表明其生命力強、自信、專橫、頑固；輕者則說明此人敏感、主動性差、缺少勇氣和抵抗力，

書寫筆畫標準反映了辦事認真、通情達理、紀律性強的心理特點；誇張的書寫方式則反映了虛榮和隨時想引起別人注意的心理特點。

書寫時，習慣連筆寫者有較強的判斷、推理能力和恆心；不連筆型的寫法則反映了比較節制和獨立性強的個性。

書寫時，字行會向上傾表明書寫人熱情、有勇氣、有抱負；字行向下傾則代表了情緒低沉、悲觀、失望、氣餒的心理特徵。

書寫緩慢是小心謹慎和思考速度慢的反映；書寫快速則表明反應快，觀察能力強和恆心不足。

書寫時，如果整篇文字向左邊靠，就反映此人留戀過去，追求安全感和對未來勇氣不足的心理狀態；整篇字向右邊靠，則是有勇氣面對未來。

筆跡的理論體系已日臻成熟，在各國都非常盛行。

手機放屁股口袋，大而化之又大男人

Nokia的人類學家Jan Chipchase曾發表了一篇關於人們把手機放在哪裡的心理研究報告。研究指出：60％的男性會把手機放在褲子口袋裡，而且大多數放在右口袋；而61％的女性則習慣放在包包裡，所以女性較常漏接電話。

心理學家更說明，不愛接電話的人，比一般人更成熟，堅強，穩重大方，適應力和應變力都很強，能獨當一面，有領導才能。所以如果朋友不接電話，並不是因為他在忙，而是他單純不想接而已。

由此可知，單從放手機的位置，就可以一窺個性秘密，千萬不可錯過！

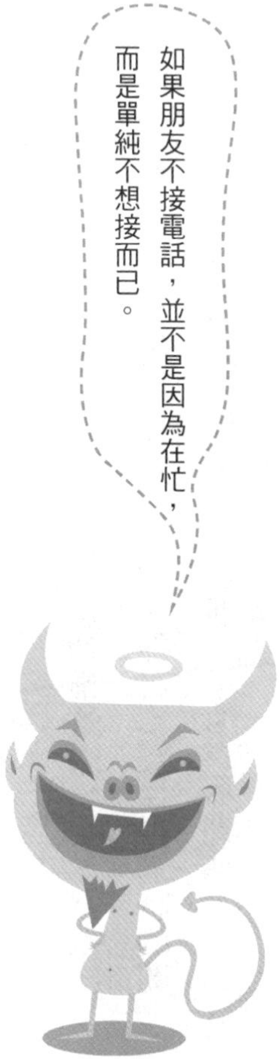
如果朋友不接電話，並不是因為在忙，
而是單純不想接而已。

他把手機放哪裡？

手機是現代人最常用的通訊工具，你的男友都習慣把手機放哪裡呢？趕快回想一下，透視他的真實性格吧！

手機喜歡掛在腰間的男人，腳踏實地

這類人佔有欲和控制欲強烈，重視別人對自己的看法，因此會努力工作並有很好的表現。

求知欲強，興趣廣泛，懂得尊重別人，但不輕易接受別人意見。他們會因為善良和苦幹精神而取得成功，是腳踏實地的男人。此外，家庭觀念也很強，願意為家庭而努力工作。

他喜歡溫柔賢慧又有自己主張的女人，不喜歡膽怯幼稚的嬌嬌女。當他沒有穩定的兩性關係時，會像浪子一樣游走在女人之間。你必須要懂得適時的關懷並暗示他，給他機會，當他有反應的時候，才可以進一步地表示愛意。

喜歡把手機拿在手上的男人，覺得自己很重要，公司和家庭都沒他不行。

手機喜歡拿在手上的男人，對理想滔滔不絕

這類人喜歡有挑戰性的生活，很享受獨立生活的樂趣，追求目標的能力也很強，對於人生很有企圖心。因為擅於思考，所以他有永遠說不完的話題和理想，也是一個很有才華的男人。

因為他是一個很有事業野心的男人，自然需要一個精明能幹，又對他事業有幫助的女人。如果女人對他沒有長期的助益，關係恐怕不容易長久。

手機喜歡放包包裡的男人，孩子氣

這類人保守安逸，喜歡享受舒適的人生，因此認為擁有家庭生活和良好的兩性關係才會幸福。

他們重視家庭生活，也很了解家人，重視子女教育，能創造出和諧幸福的家庭關係。

他喜歡溫柔、和善，可以包容他孩子氣的女人。希望另一半能夠幫助分擔家事，重視環境乾淨。

如果對這種男人有好感，別忘了向他強調你賢妻良母的特質，先採取誘導的方式，再讓他主動追你，成功機率較大。

☆手機喜歡放在屁股後面的男人，熱愛自由怕人管

這類人喜好不受拘束的生活，也不喜歡和人斤斤計較，這些大而化之的行為顯露出大男人的特質。比起平淡的生活，他更喜歡接受人生挑戰，偶爾會主動尋找一些刺激。

他不喜歡別人追蹤和盤查，他心目中的女人應該是小鳥依人型，但在婚後應該有良好的持家能力和管教子女的能力，可以獨立照顧家人，而不需要過度依賴他。

他會對有愛心的人心動。

☆手機喜歡掛在胸前的男人，熱愛工作

這類人喜歡結交志同道合的朋友，工作上如果有志向相同的工作夥伴他就會努力投入工作。他是一個有潛力，喜愛工作的男人，會因為重視物質生活而

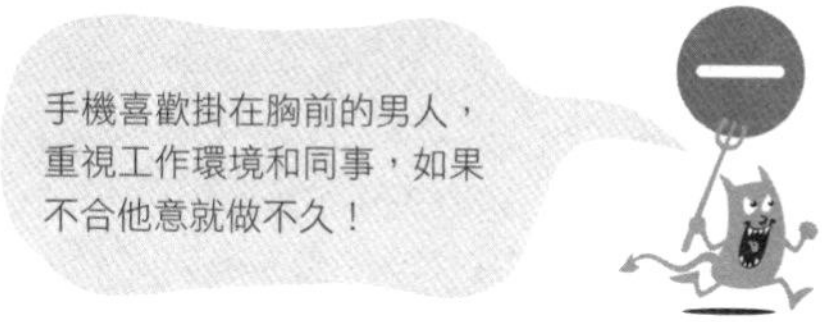
一
手機喜歡掛在胸前的男人，
重視工作環境和同事，如果
不合他意就做不久！

成為一個努力奮鬥的人。

他喜歡獨立而有主見的女人，不在乎平淡無奇的生活，但是必須有共同的興趣愛好。他也會很尊重另一半在家庭中的地位。

如果喜歡這種男人，你可以主動地邀他出遊，當你們相處時，如果能不動聲色地配合他的興趣，就容易水到渠成。

下次去聯誼的時候，仔細地看看那些男人把手機放在哪裡，在交往之前就先過濾一輪，把省下的時間成本去和更對的人相遇！

小人照妖鏡

手機鈴聲怪異，性格古怪善變。

心理學家表示，手機鈴聲是我們展示個人形象的一種方式。人在選擇手機鈴聲的過程中，會不自覺地流露出個人品味、對旁人和自己的態度。

此外，為不同的來電者選擇不同的手機鈴聲，還是一種效果很好的心理療法。例如，你可以為討厭的人選擇一段豬叫的鈴聲，作為一種小小的報復。

以下針對各種來電鈴聲來判斷其真實的性格。

如果你的手機鈴聲是一段古典音樂或者歌劇片段，這說明你是個很理想性的人，而且喜歡和諧。

如果你的手機鈴聲是吉他旋律或者標準的電話聲音，這說明你是一個喜歡穩定性和重視原則的人。

如果你喜歡用搞怪的卡通音樂、惡搞歌曲或者動物聲音作為手機鈴聲的人，本身性格可能也比較反覆無常和多變。

至於手機鈴聲會選擇流行搖滾樂的人喜歡新事物和新潮流，時尚觸覺敏銳。這樣的人很少會感到沉悶，因為他很會替自己找樂子。

喝酒愛加冰塊的人小心有逃避性格！

面對現代社會的高效率、快節奏，上班族的午餐常常吃得太少或者過於匆忙。一頓營養均衡的下午茶不僅能趕走下午的瞌睡蟲，還有助於恢復體力。

喝下午茶和單純的吃零食是不同的。零食的熱量會被儲存到體內，而下午茶則和其他正餐一樣，可以提供部份熱量以供消耗。它還可以幫助人們保持精力直到黃昏，進而使晚餐吃得比較清淡，養成最完美的飲食習慣。

此外，享用美好的下午茶還是女人優美曲線的保證。英國一份營養調查結果顯示，長期享用下午茶的女人反而更苗條，因為她們保持了少量多餐的飲食習慣。實驗還證明，下午茶可以增強記憶力和應變力。有喝下午茶習慣的人在

記憶力和應變力上，比其他人高出15％到20％。

不過，下午茶的選擇種類繁多，每個人都有自己習慣喝的飲品，其實喝飲料的習慣也可以看出一個人的性格，快去看看吧！

你最愛喝哪一種飲料？

有人每天都要喝一杯咖啡，不然會昏昏欲睡；有人卻喝了一口咖啡，晚上就輾轉難眠，如果想要快速了解此人的個性的話，可以從他選擇的飲品入手。

喜歡把茶當飲料的人，喜歡思考人生大道理

這類人喜歡品味生活，就像是品茶一樣，也許結果並不重要，重要的是這個喝茶的過程。

有這種喜好的人通常喜歡一種平緩的節奏，性格沉穩，從他們的身上你可以感受到一種古樸的氣息，他們也喜歡把事情做得井井有條。

這類人注重內在的修養，且喜歡思考問題，有時候他們會沉浸在自己的思

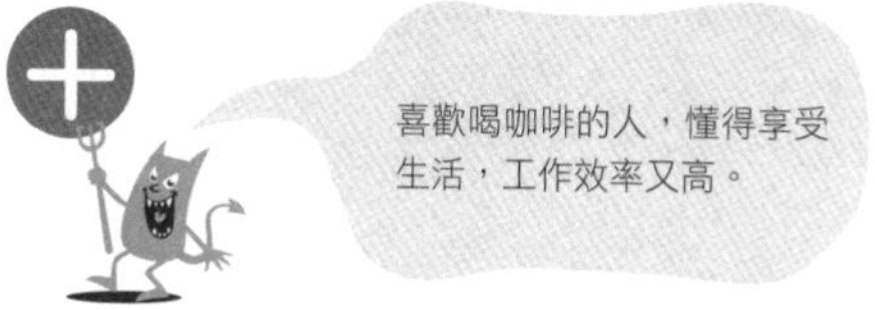

索中，大多富有淵博的知識，與這樣的人交往，可以從他們身上學到很多。

喜歡喝汽泡式飲料的人，崇尚自由

有這種喜好的人，通常會給人一種年輕、時尚的印象。喜歡這種飲品的人不管他們年齡多大，都有一顆年輕的心。

這類人喜歡刺激和冒險精神，無論是工作還是學習中，他們都會崇尚自由自在、毫無拘束的生活，大多很愛玩，因此與這樣的人交往，你會覺得很快樂、新鮮。

喜歡果汁飲料的人，保守卻忠誠

鍾情於這種飲料的人，往往性格乖巧，柔弱。

這種人內心非常純潔善良，不過思想有些保守，與外人交往時，會很注重自己的外在形象，嚴格地遵守自己的生活習慣，不會輕易做出改變。這類人通常也會對愛情比較忠誠。

☆喜歡喝啤酒的人，具有服務精神

有這種喜好的人，通常性格溫和，善於交際，能夠與他人相談甚歡，容易獲得別人的好感。他們大多心地善良，而且喜歡替別人著想，具有服務精神，同時也喜歡取悅他人。

而那些喜歡喝雞尾酒的人，則容易被新奇的事物所吸引，意志力不太堅定，他們通常性格多變，自制力不佳。

喜歡在喝啤酒時加入冰塊的人，想像力比較豐富，頭腦聰明，待人也很隨和，但是這類人在遇到問題時，會選擇逃避的方式。

☆喜歡喝奶茶的人，重視親情和愛情

這類人天生具有奉獻精神，心思超細膩，但卻有點怕麻煩，對於自己不擅長的事則不喜歡動腦筋，或是採取逃避態度。

他們有強烈的家庭觀念，非常重視親情和愛情，雖然這類人很懂得為別人無私付出，其實他們才是最需要得到別人關心的人。

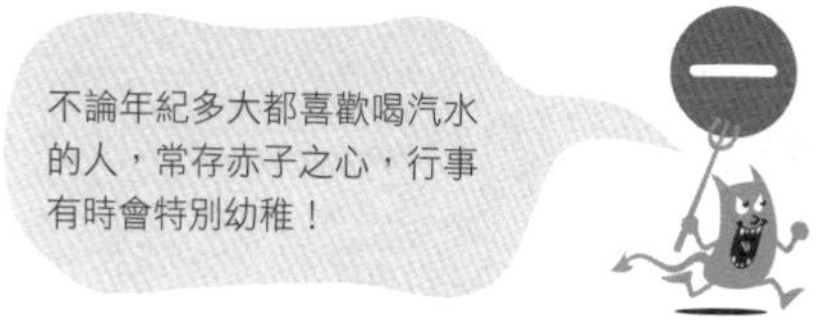
不論年紀多大都喜歡喝汽水的人，常存赤子之心，行事有時會特別幼稚！

☆喜歡喝咖啡的人，樂於享受人生

喜歡喝咖啡的人，是為了追求成為大人的感覺，因為孩童時期不能享受這種飲品。

他們喜歡凡事慢慢來，盡情享受人生。不會把事情看得太嚴謹。甚至認為即使和幾位朋友聊天、說笑，而把工作延後幾分鐘也無妨。因為，他知道工作一定會如期完成。他喝咖啡的方式就和他生活的方式一樣輕鬆、愜意。

有時候，一口飲料的確能夠替步調繁忙的工作紓壓，下次辦公室點下午茶時，仔細看一下飲料單上的選擇，學過這一課，相信你一定能看出端倪。

小人照妖鏡

暴力傾向的誘因：高熱量飲料。

從中醫的角度來看，人如果長期飲用高熱量的飲料，再加上不健康的飲食，往往會導致氣血運行不暢。

因為這樣的體質，人會逐漸形成容易發怒的情緒，而經一步影響性格。

從西醫的角度來看，長期喝高熱量飲料的人往往有心血管疾病。當人的身體出現這種病症，往往就會同時反應在身體和心理上，暴力傾向就會慢慢顯現出來。

美國哈佛大學還研究發現，青少年的暴力傾向和他們飲用多少高熱量飲料有很大的關係。

研究指出，每週飲用5瓶以上高糖分高熱量飲料的波士頓內城中學生，出現暴力行為的可能性比其他喝較少高熱量飲料的同學高了9%到15%。

對於長期喝高熱量飲料會有暴力傾向的說法，家長需要特別警惕，不要讓孩子喝太多的飲料。而且，飲料喝多了還會引起貧血，所以對於身體正在發育的孩子來說，最好能不喝就不喝。

喜歡養大型犬的人最愛虛張聲勢！

狗狗是人類馴化最早的家畜，狗的存在和進化都與人類文明發展有著密不可分的關係。隨著時代的變遷，社會的進步，現代的狗狗已不再是家庭的牲畜，而是被主人視為家人的寵物。

每一種狗狗的外形、大小、性格都有著各種差別，這也為人們選擇寵物狗的品種提供了更多的選擇。人們可以根據自己的喜好、生活習性、脾氣性格等方面，去挑選一隻自己喜歡而且合適的寵物狗。

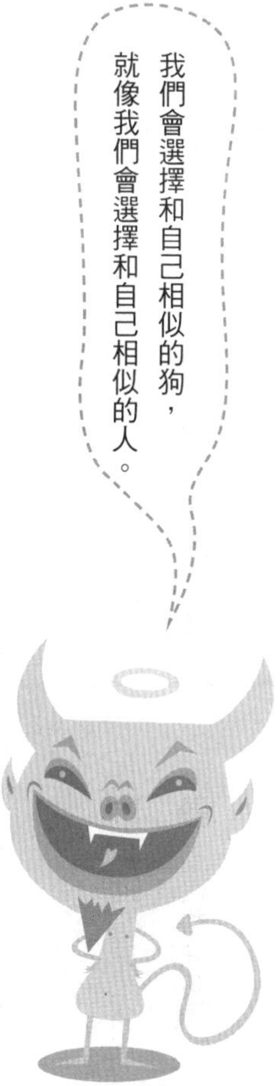
我們會選擇和自己相似的狗，就像我們會選擇和自己相似的人。

什麼人玩什麼狗

英國巴斯泉大學的蘭斯．沃克曼和喬伊．菲爾倫博士以養狗俱樂部的名義對一千名狗主人進行了問卷調查。並在倫敦舉行的英國心理學會年度會議上，公佈了研究發現。

英國巴斯溫泉大學的心理學家蘭斯．沃克曼說：「我們會選擇和我們相似的狗作為寵物，就像我們會選擇和我們相似的人作為伴侶。」

像希爾頓和牛頓養的都是貴賓犬，他們在開放型人格測試中的分數也比較高。而飼養拉布拉多的人，性格就比較隨和。

蘭斯．沃克曼和他的同事對性格如何影響行為非常感興趣。先前他們已經發現養狗的人比不養狗的人更隨和。

在這項研究中，他們甚至發現養純種狗的人，他們的性格氣質和狗的品種甚至能畫上等號。也就是說，什麼樣的人就會養什麼樣的狗。不過，這些性格特徵只有經過長時間接觸後，才會被人發現。

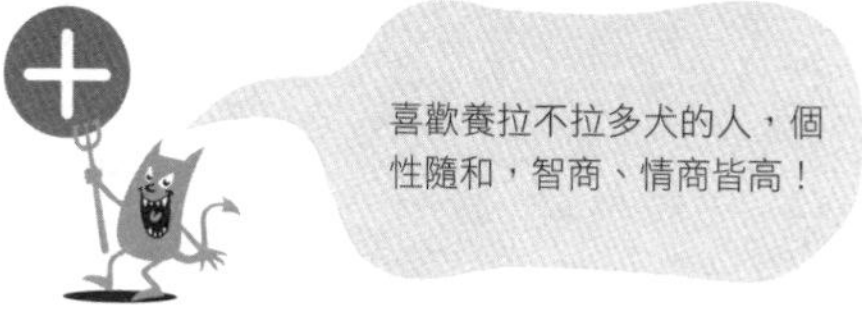

沃克曼表示像英國女王的寵物狗是一條威爾士柯基犬，可能暗示她要比人們表面上看到的更加外向。

他說：「因為她經常要面對人群，所以必須控制自己的情緒。年輕的皇室成員可以參加派對，而女王永遠不能這麼做。因此，我認為她的性格可能要比表面上看起來更加外向。」

沃克曼指出寵物狗的性情和主人的性格之間存在聯繫。

他說：「挑選寵物狗的時候，我們實際上是在尋找一些與自己相似的東西。按照自身性格選擇寵物狗大多源自下意識的行為，挑選寵物狗就像尋找伴侶一樣。性格相似的人往往能夠在一起，這與『異性相吸』的流行觀點相背離。

如果希望戀愛或者婚姻長久，我們需要尋找與自己性格上存在很多共同點的伴侶。除了性格外，生活方式也是一個重要影響因素。如果選擇的是獵犬或者牧羊犬，說明你比較喜歡戶外運動。」

調查結果也指出更多狗的品種和主人性格特徵的關聯。

例如：農牧犬和實用犬的飼主更外向，槍獵犬和玩賞犬的飼主比較隨和；獵犬的飼主往往比較自信，玩賞犬的主人想像力也比較豐富。所以，很明顯地，狗主人在挑選寵物的時候，會不自覺地根據自身性格來選擇。

從狗狗看主人

你最喜歡哪一種狗呢？或是你的鄰居養著什麼樣的狗呢？快來看看狗兒性格和主人的關聯吧！

喜歡聖伯納亞犬的人，虛榮心強

喜歡體型龐大但個性溫和的聖伯納犬，通常也都是好好先生（小姐）。個性樂觀進取、注重自然的生活品味，善於關心周遭人群是他們的特性。

而那些專門飼養一群聖伯納狗的人，實際上是想通過狗的雄偉氣勢來炫耀自己的經濟與地位，這類人往往虛榮心較強。

喜歡養長相奇怪、醜陋寵物狗的人，只是希望相襯之外，自己顯得比較美！

喜歡貴賓狗或博美狗的人，把小狗當小孩

喜歡小型裝飾犬的人通常是寂寞空虛的單身女性，或膝下無子的夫婦。他們將小狗當作是自己的子女，讓他們睡在主臥室，和主人一起逛街、遊戲、吃飯，藉此排遣膝下無子女的遺憾。

喜歡土狗的人，親和力高

溫柔、敦厚、富有同情心是這類人的特點。他們不以飼養名犬為樂，而只要一隻不起眼卻忠心敦厚的雜種狗相伴。他們是社會中最平易近人、最有親和力的族群。

喜歡狼或警犬的人，大多是社會菁英

精力充沛、虎視眈眈、積極進取是警犬的特徵，因此喜歡這種狗的人，多是高級知識份子，亦是社會的精英族群，如律師、醫生、企業家等等。

喜歡牛頭犬的人

喜歡外形醜陋的狗，大多是喜追求功名利祿的人，他們常常怨天尤人，不甘於平凡。這類型的女性，對自己的外表、美麗多半缺乏信心，渴望別人主動向她示好。

調查發現，養牛頭狗的人因內心缺乏自信，所以希望透過對比的效果來掩飾自己缺乏信心的心理。

從上述我們可了解到各種狗兒與主人之間的相互影響，俗語說：「打狗要看主人。」現在我們明白，那是因為狗兒就像主人性格的延伸一般，你欺負他的分身就等於在欺負他的主人，下次看到別人的小狗，千萬不要再輕舉妄動了！

小人照妖鏡

養寵物是心理補償作用。

為什麼這麼多人癡迷於養寵物呢？

心理學研究表明，人們總是在無意識的情況下，選擇一種長得像自己或具有自身某些性格特質的寵物。例如，動作快、愛說話的人會養條活潑愛叫的狗， 慢吞吞的主人會養慢吞吞的金魚，神經兮兮的人會養條蛇，貪吃者會將寵物餵得肥肥胖胖，喜歡大狗的人有優越感，喜歡小狗的人希望得到寵愛……等等。

養寵物其實是為了滿足以下幾種心理：

1.太自戀：養一隻和自己相像的寵物，是一種不自知的自戀行為。

2.理想化主人形象：很多小孩會心存這種形象寄託，他怎麼照料寵物，就是他渴望別人如何照顧他。

3.表達壓抑住的性格：每個人表現出來的不一定是他最真實的一面。養可以表達自己內心欲望的寵物，是一種排解方式。所以我們有時會看到，一個柔弱的女孩，卻養一條兇猛大狗的現象。

你是小人的剋星嗎？

職場中，我們都會遇到小人，但是應對小人的方法就顯得至關重要。忽然間，有個穿西裝打領帶的陌生人，拿著相機近距離對你拍照，並且迅速地走開，你會怎麼反應？

Ⓐ 追上前去，如果他說不出理由，就請他交出底片。

Ⓑ 不予理會，心想他可能不是在拍你。

Ⓒ 暗罵他神經病，自己也迅速離開。

Ⓓ 覺得他一定有某種目的，不然就是誰找人來惡作劇。

Ⓔ 認為他是星探。

解析：

A：絕不容小人擋路，非把他揪出來不可

這種人天生有一種懲奸除惡的性格，如果他自認從未對不起這個人，就一定會想辦法讓他的醜事曝光，讓大家發現這傢伙到底有多糟。

B：認為自己行得正坐得直，沒什麼把柄落在人家手裡

這類人平時就對自己充滿自信，認為小人沒事應該不會得罪自己，但遇到那種存心要挖洞給他跳的小人，可能就無力招架了！

C：敬而遠之，心想不招惹他就沒事

這種人屬於各人自掃門前雪的類型，明明看見小人在做見不得人的勾當，他也不願意揭發他，甚至還幸災樂禍地想說不知道誰會掉到他挖的陷阱裡。

D：疑心病重到認為身邊都是小人，很難信任別人

這種人常常有被迫害妄想症，即使別人只是在和同事聊天，他也會覺得是在說他壞話，其實只是他自己以小人之心度君子之腹而已。

E：太天真了，是被賣了還幫人數鈔票的類型

這種人非常單純、耳根子又軟，甚至發現被別人欺騙以後，他還會想：還好我不用淪為那個害人的人就好了。完全沒有任何防禦力也學不到任何東西。

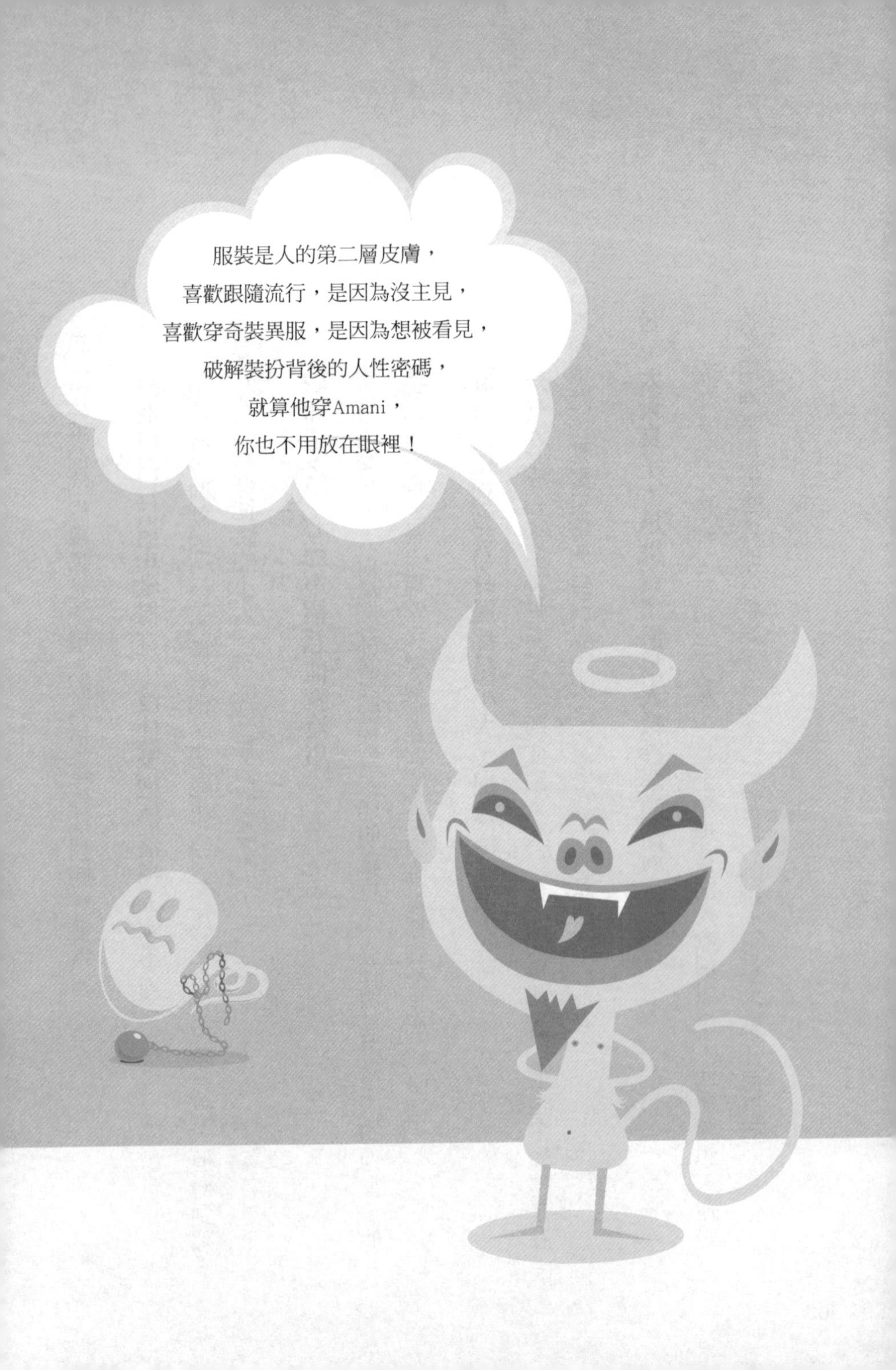
服裝是人的第二層皮膚，
喜歡跟隨流行，是因為沒主見，
喜歡穿奇裝異服，是因為想被看見，
破解裝扮背後的人性密碼，
就算他穿Amani，
你也不用放在眼裡！

4

Chapter

留心衣著打扮，揭穿披著羊皮的狼！

To see through the real personality of bad guy.

喜歡黑色的人，人生充滿戲劇化！

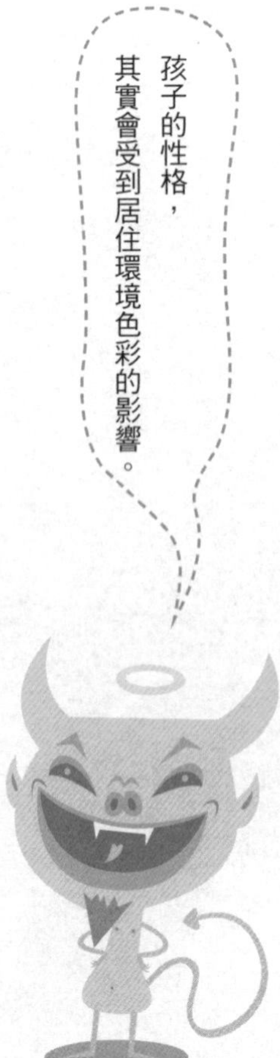

過去英國倫敦的菲裡埃大橋的橋身是黑色的，由於每年從橋上跳水自盡的人數太驚人，倫敦市議會敦促皇家科學院的科研人員追查原因。

剛開始，皇家科學院的醫學專家普里森博士認為這是因為橋身是黑色的關係時，不少人還將他的提議當做笑料，議論紛紛。

在連續三年都束手無策的情況下，英國政府試著將橋身改為藍色後，當年跳橋自殺的人數馬上就減少了百分之五十六點四，普里森博士也為此而聲譽大增。

近期，英國、芬蘭的科學家紛紛研究認為：色彩對人類情緒的確影響很

喜歡暖色調的人，大多外向；喜歡冷色調的人，大多內向。

大。現在的家居設計中，人們也越來越受到色彩的影響，非常講究各種色調的搭配。更有學者提出：孩子的性格，其實也會受到居住環境色彩的影響，就像有的餐廳使用的色彩會刺激食欲一般，從感官接收到的色調，會從生理反應內化成心理反應，進而影響到性格生成。

他喜愛暖色調，還是冷色調？

每個人都有自己偏好的顏色，在自己熱愛的色系之下，折射出的是一個個鮮明的人格。因此在與人交往時，我們若能得知對方最喜愛的顏色，或觀察對方最常穿著的色系，就能透過顏色識人，在最短的時間內確立此人的基礎個性，究竟是暖色調、還是冷色調。針對各種顏色所對應的性格分析如下：

喜歡紅色的人，火爆浪子

紅色代表的是活力、熱情。喜歡這種顏色的人比較情緒化，很有正義感。不過一旦他們發火，後果往往不堪設想。

這種人通常都具有強烈的好奇心，讓他們喜歡追根究柢。他們大多很聰明，而且精力充沛，也都非常喜愛戶外運動，更善於結交新的朋友。惟不足之處就是有時做事太固執，一旦想要的東西得不到，就有可能和對方糾纏不清。

不過，喜歡粉紅色的人性格卻比較內向，經常被當成優柔寡斷的人，但又不失其溫柔可愛。另外，性格軟弱的他們總是害怕面對現實，時常把自己的內心封閉起來，躲在自己小小的天地之中。

☆喜歡黃色的人，吹牛不打草稿

黃色是所有顏色中反光最強的顏色，喜歡黃色的人也多屬性格外向者。他們通常性格活潑開朗，談吐大方、熱情好客，頭腦靈活，做事條理清晰。這類人都有很強的獨立性，但是卻缺少坦誠的精神。

喜歡深黃色的人，很容易自負過頭，還常常認為只有自己才能做出正確的判斷，甚至以為別人老是嫉妒他的疑心病。不過，喜歡黃色的人，在社交圈中，總是可以發揮他最大的優勢。

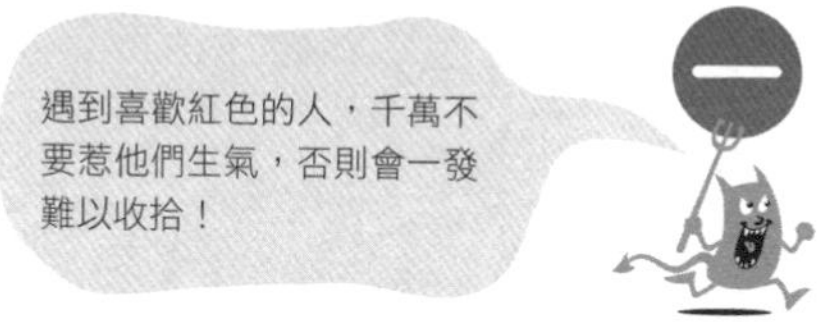
遇到喜歡紅色的人，千萬不要惹他們生氣，否則會一發難以收拾！

喜歡橙色的人，樂於助人

橙色代表著力量、智慧、震撼、光輝、知識。

喜歡這種顏色的人，內心比較敏感，而且富有同情心，樂於助人。他們總會盡自己最大的能力去幫助別人。雖然他們也有行事感性的時候，但是卻很清楚自己為何而做。這樣的處世態度，往往會為他們贏得眾人的尊重。

喜歡紫色的人，太濫情

紫色代表神秘，喜歡這種顏色的人往往追求完美主義，對自己要求苛刻，因此，他們會不斷努力，要求自己做到好還要更好。

此外，這類人容易多愁善感，有時會太過濫情。雖然他們常自認為很平凡、好相處，但在其他人眼中其實已相當有個性。

在公開場合時，他們會顯得沉默而內向，不過敏銳的觀察力可以幫助他們發現許多有效的資訊。因為他們總能設身處地替別人考量，所以可以交到很多朋友。

☆喜歡藍色的人，不擅交際

藍色令人想到孤獨、沉思、獨立和平靜，它是真理和和諧的顏色。

喜歡這種顏色的人思考理性，面對問題冷靜沉著，但這不代表他們脾氣好。

絕大多數喜歡藍色的人性格比較內向，不擅長與陌生人交際，不過志趣相投的人除外。他們對自己認同的事物常有獨到見解，並且會堅信不疑。

☆喜歡青色的人，愛恨分明

喜愛青色的人通常愛恨分明，重感情但又不失理智。

這種人往往具備很強的責任心和堅持不懈的精神，面對困難當前，往往能有始有終地解決。他們也很有風度、有很強的判斷的能力，而且做事果斷，處事時總喜歡雷厲風行，不喜歡拖泥帶水，屬於非常有計劃、有原則的人。

☆喜歡綠色的人，和平主義者

綠色與復甦、生長、變化、天真、富足、平靜等有關。

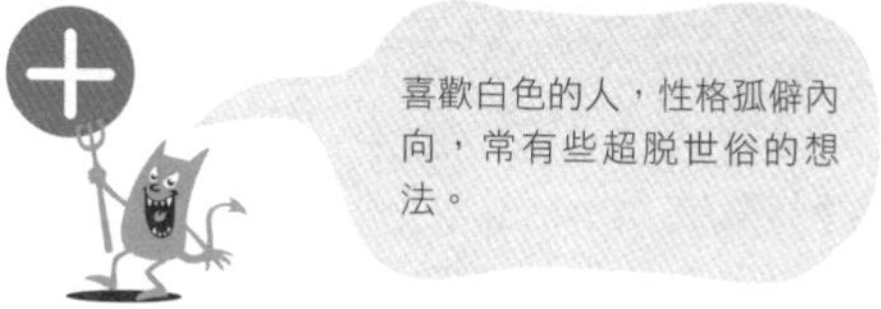
喜歡白色的人，性格孤僻內向，常有些超脫世俗的想法。

喜歡這種顏色的人大多是追求和平的人，有上進心，但不喜歡過於突顯自己。這類人都很喜歡群體生活，也擅長與周圍的人保持良好的人際關係，總是給人一副親切溫和的印象。

喜歡灰色的人，具備領袖才幹

這類人性格外向，喜歡替人打抱不平且富有領導力。他們對事物的理解力相當強，待人處事處處能夠彰顯領導氣質，讓人不自覺地跟隨他們。

喜歡黑色的人，個性複雜又戲劇化

黑色代表著放棄、終結，也意味著自制，因此，喜歡這種顏色的人往往好勝心強，不容易向環境認輸。

他們常會給人複雜、高貴、又戲劇化之感，在某些關鍵時刻，他們的出現彷彿給眾人吃了一顆定心丸，有機會成為非常有威望的人。

喜歡白色的人，內向孤僻

白色代表的是純潔與神聖，喜歡這種顏色的人多屬孤獨內向的人。

這類人往往性格孤僻、木訥，喜歡獨處，思想也比較保守，缺乏對事物的探索與冒險精神。

只要稍微讀過簡單的色彩心理學之後，如果把對顏色的感受記在內心，就難以忘記對此人的印象。下次再遇到穿著同樣顏色的人時，經由視覺刺激的喚醒，自然會對這個人產生同樣的聯想。但別忘了喜愛的顏色充其量代表著一種過往的經驗，有些人歷經了不同的生活階段後，因有所感悟啟發，喜歡的色彩也隨之改變了。

就如同喜歡黑色的人都有一個共同點，那就是並非從小就喜歡黑色，而是因為在成長的過程中發生了一些事才開始喜歡黑色的。如果能回想過去的經歷，鎖定開始喜歡黑色的時間點，也許能找到人生中的轉戾點，畢竟學讀心術不只是為了了解他人，更多時候我們是為了接近真實的自己。

從顏色偏好看好色程度。

看看你的男友喜歡什麼顏色？就能了解他色不色！

1.喜歡白色的男人：他色得很有格調品味，也很羅曼蒂克，釋出溫柔、體貼的情感，最能打動他的心，肉體和精神上的契合，更是他畢生所致力追求的。

2.喜歡灰色的男人：他是個思想傳統而又叛逆的矛盾男人。他總是默默地付出真情，將感情深埋心中。

3.喜歡咖啡色的男人：他是個陽剛味十足的男人，他色得很大男人，喜歡小女人的溫順和柔情，以柔克剛，是他最招架不住的攻勢，他屬於那種鐵漢柔情的男人。

4.喜歡藍色的男人：他很挑剔、自尊心又強，因此，除非他愛上某個人，他才會大膽熱情地求愛。

5.喜歡黑色的男人：這是最難捉摸的善變男人，他自視甚高，卻又會不小心流露赤子之心。他容易與別人保持安全距離。他很色，對於性有強烈的佔有欲和需要，不過，這完全要看他的情緒而定，忽冷忽熱，非常明顯。

愛穿混搭風，潛藏支配欲！

近年購物商城的發達，增加了大量的網路消費族群，其中成長最多的，應該就屬服飾業了。

在網站上購買衣服，除了考慮尺寸合不合身外，最主要還是取決於我們對這些衣著照片的第一印象喜不喜歡？逛到最後你可能會發現，自己選來選去的衣服款式都有一些共通性，這就是取決於內部的心理因素。

事實上，衣著就像是我們思想的代言，我們會選擇什麼樣的衣服，其實就代表了我們想呈現出什麼樣的形象。

所以即使每個年代都有重點流行的服飾，但是每個人依舊會選擇不同的服

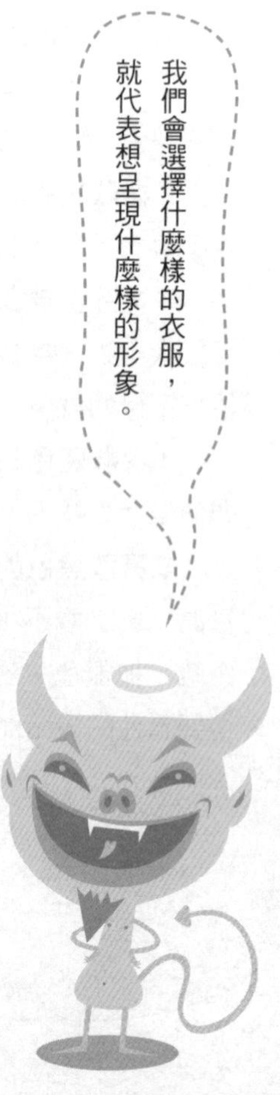

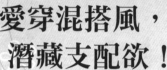

喜歡不修邊幅的人，連他媽都管不了他的穿著，你怎麼可能管得了他！

他穿著時尚，還是邋遢？

一般而言，喜歡穿著華麗的人，大多自我表現欲強，但是如果衣著過於誇張，就難免給人一種奇裝異服的感覺，這類人除了極強的自我表現欲之外，還伴隨著歇斯底里的性向。

因此，如果我們能夠透過穿著風格分辨他人特徵，會有助於我們對不同人採取的應對策略。

� 喜歡穿流行時裝的人，人云亦云

這類人通常缺乏自主意識，總喜歡把自己埋沒於多數人中，並且樂於其

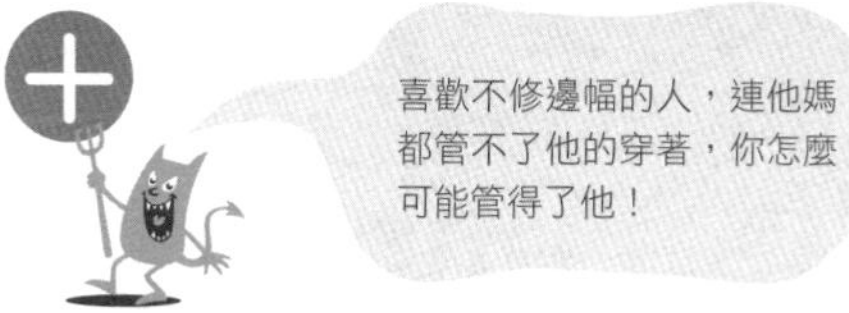

飾，這種差異和金錢其實沒有絕對的關係，而和一個人的性格有著密不可分的連結。

所以，如果從服裝款式上做出歸類評比，我們就不難了解這些穿著相異的人在個性上的特點。

中，以此掩飾自身的脆弱。

他們喜歡追求時尚的步伐，沒什麼自己的審美觀。甚至有些人極端地依賴潮流和時髦，只要受大家歡迎的服裝他們就一味追捧，這類人大多具有很深的孤獨感，很怕別人不認同。

喜歡穿著樸素的人，缺乏自信

愛穿樸素服裝的人，往往不太變換自己的穿著。

這類人總希望一切穩定、一帆風順就好。不過，在樸素的外表下，如果仍注重局部穿著、配飾的人，則會比較強調個人主張。

有些人對自己的容貌如有稍許的自卑感，就會用聲東擊西的方法來掩飾自身的弱點。例如：愛穿短裙的女性，往往其貌不揚；愛穿粗線條套裝的男性，往往性格懦弱，缺乏足夠的自信。

喜歡穿著不修邊幅的人，討厭受人約束

喜歡不修邊幅的人，往往喜歡自由自在、毫無拘束的生活。

穿著跟隨潮流的人，如果沒建立自己的審美觀，可能穿到完全不適合的衣服。

這類人通常精力旺盛也不拘小節。由於他們不喜歡被別人領導的感覺，也討厭受人約束，所以，大多數人會選擇自由闖蕩的生活。

☆喜歡穿著進口服飾的人，冷漠無情

他們通常具有強烈的品牌意識。不過，其實是因為強烈自卑感，才試圖透過外在形象來提升自己的地位。

對於跟自己無關的事，他們的態度一般都是多一事不如少一事，所以在與人交往時，時常會給人一種冷漠無情、沒有人情味的感受。

此外，這種類型的人頭腦比較靈活，對外界事物比較敏感。他如果交辦你一件事，如果你能辦到，你就應該儘快去完成，最好不要拖拖拉拉，否則一旦被他們察覺，就會對你失去信任，而去找其他的人來代替你的工作。

在商場上，這類人更是精明、敏感，一旦他們發現自己處於不利的地位，他們就會迅速尋找脫身方式，而把責任都推到別人身上。

如果你正在和這種人合作，那麼你一定要自己留一手，不要一不留神成為他們的替罪羔羊。

穿著馬虎的人，不想聽建言

在工作的場合，有時候你會看到有些人身著名牌西裝，但腰上卻繫著一條完全不搭的腰帶。這種穿著隨意的人，做事積極，對工作抱有熱忱之心，一旦做出決定的話，就會有始有終。但是他們在做事前卻往往缺乏考慮，沒有什麼計劃性，全憑自己一時的興起。

這類人的缺點是不能接受別人的意見或建議。他們雖然行動積極，但如果取得成就的話，他們就會擺出高姿態；一旦失手的話，他們又會畏縮不前，因此，有點變幻莫測最好和他們保持適當的距離。

喜歡穿奇裝異服的人，缺乏創意

在服裝上追求奇裝異服的人，是試圖透過他人的注視，展現優越感。

這類人表現欲很強，敢於接受新鮮事物，且富有挑戰精神。雖然一開始容易引人注目，但由於缺乏大膽的想像和創意，因此，也無法讓人保持長久的興

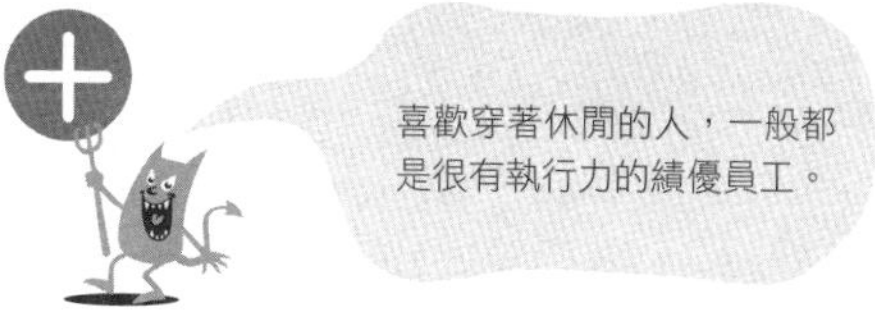

趣。

喜歡穿黑西裝的人，忠厚老實

喜歡穿著這種服裝的人，容易給人一種很難接近的感覺，但長時間接觸後就會發現，他們通常很浪漫，且忠厚老實，是值得信任的朋友。

喜歡穿休閒服的人，執行力強

愛穿休閒服的人比較善良，在人際交往中，他們很有親和力，很喜歡替別人著想，所以，他們的人緣通常都會很好。

在工作時，這類人屬於精力旺盛的人，所以他們的執行力比較強，而且他們頭腦又很靈活，所以一般都是能力不錯的好員工。但是由於不喜歡受約束，所以他們會努力成為組織中的領導人物。

喜歡穿牛仔褲的人，創造力強

他們思想比較前衛，喜歡追求相對刺激和富有挑戰性的工作。一旦他們有了某種想法就會立即付諸行動，而且在生活中遇到什麼新鮮的事物，他們都想試一試。

這種人無論在工作還是玩樂時都幹勁十足，因此，他們能夠靠自己的努力打拼出一片天。

在工作時，這類人適合從事一些創作性較強的工作，比如廣告設計、服裝設計、新產品開發等工作，相反地，他們討厭一成不變的工作。

不過，喜歡牛仔褲的人一般都喜歡特立獨行，做事不喜歡被人妨礙，也不喜歡有人對他們指手畫腳，所以他們時常會因為堅守自己的原則，而得罪周圍的人。

看他衣著複雜或簡單？

穿著打扮以素雅簡潔為原則的人

他們性格樸實、大方，且思想單純，又具備包容力。這類人往往很隨和，並且做事腳踏實地，能夠得到別人的信任。同時，他們有很好的洞察力，能夠穿搭太過複雜的人，這輩子最怕得不到旁人的重視。

掌握事情的核心，提出獨特的見解。

喜歡色彩豔麗，繽紛亮麗服裝的人

他們生性活潑，開朗大方，性格坦誠豁達，擁有積極樂觀的心態。同時，他們具有較強的自我表現欲，因此，人際交往中，他們總會不時地創造出一些小的驚喜，以吸引眾人的目光。

注重服裝色彩，並喜歡複雜衣飾的人

他們大多虛榮心比較強，是樂於炫耀自己的人，還有點任性。

這類人比較講究實際，有自信心，卻喜歡支配人，如果別人反應不如他們期待，就容易陷入不安焦慮的情緒當中。

喜歡淺色服裝和簡單衣飾的人

這類人性格常常比較內向，溫和文靜，但容易缺乏自信，依賴心理較強，不善於獨立行動。

☆喜歡穿同一款式的人

他們性格坦誠直率，愛恨分明。這類人做事果斷，因為有自信心，有時會顯得清高自傲，自以為是。

服裝就如同人的第二層皮膚，會折射出人的內心。因此，在判斷他人的性格時，可以把服裝作為一項參考，但是還需要綜合其他方面，才能做出更準確的判斷！

小人照妖鏡

穿著太性感，讓人感覺能力差。

《性別角色期刊》曾發表一篇研究顯示，年輕女孩穿上太性感的衣服，會被同齡女孩認為是缺乏能力的一種表現。

美國俄亥俄州肯尼恩學院的心理學家莎拉・莫瑞恩和同事選了162名學生，讓他們觀看一個正處於青春期前的金髮碧眼女孩的圖片，並讓他們替這個女孩的能力評分。

圖中的女孩分別穿了3種不同服裝，第一種是「符合年紀」的穿著，女孩穿的是灰色襯衫、牛仔褲和帆布鞋。第二種是「隱約性感」的穿著，女孩穿著一條豹紋的及膝裙，豹紋花案經常出現在性感衣服中，但此衣著並沒有過分性感。第三種是「性感暴露」的穿著，女孩穿著一條超短裙搭配一件豹紋開深V的毛線衣。

同時，在圖片中加以説明這位女孩是班級中的資優生。

但研究結果發現，描述中的優異表現並不能促使人們認為她更聰明和有能力；相反地，人們對女孩能力的評價，會因為她穿了過分性感的服裝而下降，甚至認為她缺乏處事的能力。

買菜也要化妝，太多不能說的秘密！

為什麼女人會喜歡化妝呢？

首先是為了愛美的心理。

女人都希望自己能夠儘量得到別人多一點的關注。於是在這種心理的驅使下，她們很容易想要化妝，如果透過一兩次的妝扮後，仍然沒有達到引起別人關注的目的時，她們很容易會認為是自己妝扮不好或不夠，久而久之，自然就不小心把妝給化濃了。甚至她們還會以為這樣走在街上，會有比較多人回頭看她。

再來是為了彌補心裡的遺憾。

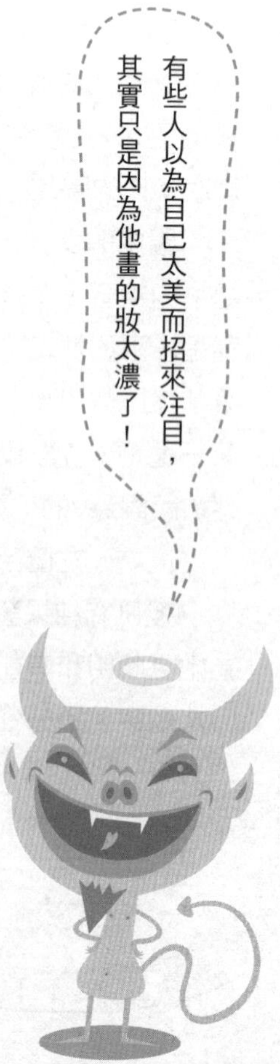
有些人以為自己太美而招來注目，其實只是因為他畫的妝太濃了！

妝效自然的人，不只平易近人，也是值得信任的朋友。

很多女人化濃妝是怕「顯老」，年經時因為沒有錢買好的化妝品，所以年紀大了反而想好好打扮享受一下女人青春的魅力。或是年紀大了，怎麼看自己素顏的樣子都不對勁，所以想用濃妝掩飾歲月的痕跡。

最常見的一種是同儕影響的比較心理。

因為班上、公司裡大多數的女人都在化妝，自己不畫好像不合群或是會被同事比下去。

她愛畫大濃妝還是淡妝？

綜合以上心理就可得知，大多數的女人還是很愛化妝的，而臉上的妝恰恰又折射出他的性格，快看以下更細部的剖析，讓你了解各種女人的個性。

喜歡化濃妝的女人，希望吸引異性目光

這類女人，自我表現欲很強，她希望透過自己臉上濃重的色彩吸引他人的注意，尤其是來自異性的目光。

這類人一般性格開朗，真誠坦率，待人也很熱情，即使面對別人的惡意中傷也不會放在心上，很看重友誼。

✩喜歡化淡妝的女人，把精神放在工作上

他們自我的表現欲沒有那麼強烈，甚至有時候會刻意地掩蓋自己的光芒，不希望受到外界的關注。

這類型的女人能夠從生活中領悟智慧，因行事低調，不嘩眾取寵，所以往往比一般女人更能有所成就。

✩喜歡化自然妝的女人，跌倒就爬不起來

這類人相對來說比較保守，做事循規蹈矩。他們思想單純並且富有同情心和正義感。為人也比較真誠，所以能夠與周圍的人建立良好的人際關係。

但是正是因為過度單純的性格，使得他們不夠堅強，如果一旦遇到挫折和打擊的話，就會顯得軟弱無助。

喜歡畫濃妝女人，內心其實不如外表那般難接近！

喜歡化流行妝的女人，缺乏獨特性

他們接受新鮮事物的能力很強，自我表現欲也比較強烈，但是由於其經常跟著潮流走，所以這類女人缺少自己獨特的個性，常常在人云亦云。她們做事也沒有什麼長遠的規劃，總是跟著大家的足跡走。

喜歡堅持一種妝容不變的女人，無法跟上時代步伐

這類人大多都有一種懷舊情結，骨子裡她們都會追憶以往的美好時光，但是也能夠把握眼前的幸福。

她們很容易滿足，但是唯一不足之處，就是會為了某一些堅持，而無法跟上時代的步伐。

喜歡花很長時間化妝的女人，完美主義者

這種人有一定程度上的自戀，凡事總想盡力達到完美，過度苛求自己。其實，她們大多對自己的外表沒有自信，希望透過外在的妝點彌補自己的不足之處。有時由於過分的強調自己的外在形象，因此，會給人一種不自在的感覺。

✡ 化妝時，特別強調某部位的人，懂得揚長避短

她們對自己優點和缺點十分清楚，並懂得如何做才能揚長避短。

這類人比較自信，也很現實。無論是工作還是學習時，她們總能分清當前形勢，迅速做出判斷，因此，處事比較果斷。

✡ 喜歡化帶有異國色彩妝效的人，想像力豐富

這類人想像力都比較豐富，而且具有藝術細胞，嚮往自由自在的生活，生活也傾向無拘無束，但是這樣妝容的女人，會擁有不同於旁人的想法，因此，很難與一般女性建立良好的人際關係。

✡ 無論什麼時候都化妝的人，內心秘密很多

這類人缺乏自信，所以試圖透過化妝來改變自己的容貌，他們總會隱藏自己內心的秘密，不想讓他人發現這些醜事。

✡ 一個從來都不化妝的女人，只著重精神層面

這類人並不會十分在意自己的外在形象，她們所追求的是一種自然美。

不喜歡化妝的女人，雖然不會花時間在妝扮自己，但其實比一般女人更實際。

這類女人在看問題時，不會被表面的現象所迷惑，而能夠透過事物的表層看到實質的東西。

看完上述的分析，你應該已經對各種妝效的女人及其對應的性格有一定的認識了。下次在認識新的女性朋友之前，好好地端詳她臉上的妝，你會發現原來在短時間之內讀懂一個人真實的個性，其實一點也不困難！

小人照妖鏡

化妝上癮是一種心理疾病。

澳大利亞著名心理學家兼醫學美容顧問利奧・絲榮告誡女性：切勿過分迷戀化妝，否則化妝將成為一種自我虐待。

有家心理診所最近接診了不少過分依賴化妝，如果沒有化妝就不敢出門的女性。

患者中有位37歲的醫學博士，她看上去顯得很年輕，身材苗條、勻稱，白皙的臉上有著一雙迷人的大眼睛。

但每天清晨，她都要花兩個小時以上來打扮自己，寧肯上班遲到也要化到自己滿意為止。

心理學家認為，這類女性患者通常對自己要求過高，她們的潛意識裡一直在不懈地追求完美，但社會或生活中的某些不完美卻讓她們感到很失望。所以，她們就會把注意力轉移到自己身上，竭力想用自己的完美來彌補社會和生活中的不完美，也就是心理學上所謂的「心理補償」。

所以，任何一件與自己有關的雞毛蒜皮的小事上也一絲不苟，容不得半點馬虎。漸漸地，她們便會從自尊、自愛、自我要求過高轉化成為自戀，而出現「化妝上癮」的心理障礙。

愛戴特大眼鏡的人，不把別人放眼裡！

與人交談時，你想直接知道對方的內心想法或真實感受嗎？以前這個問題的答案恐怕只能憑自己的直覺去感知，但現在有新的可能。

近日，一家名為2AI實驗室的公司研發出一款新型眼鏡，或許可以幫助你實現這一目標。

這款眼鏡主要依靠分析皮膚下血液中的含氧量，來推斷對方釋出的社交訊息。之前有研究結果證實，血液中含氧量的波動會引起靈長類動物顏色視覺的變化，此類動物會根據這些顏色視覺的變化，看出對方的行為線索或者社交暗示，而這批眼鏡就是基於這個研究結果而研發出來的。

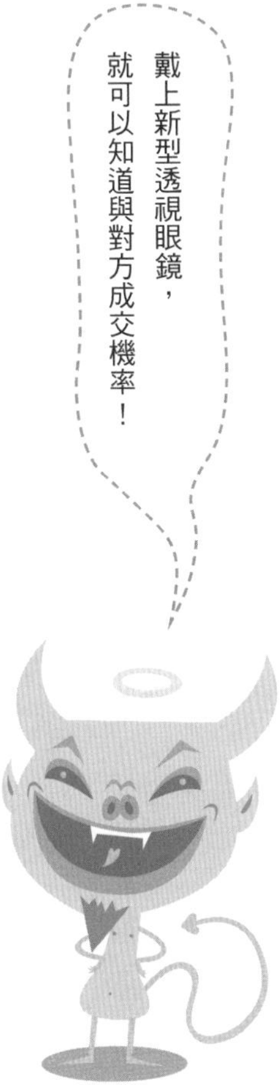
戴上新型透視眼鏡，
就可以知道與對方成交機率！

事實上人類最初是可以靠感覺獲知這種微妙的交際訊息，只不過在很久以前就有意識地停止運用這種能力了，但訊號卻仍然不斷傳出，因此只要借助適當的科技手段，人類還是可以感知地到。

該項技術研究員馬克・長吉還宣佈，首批眼鏡已經問世。他認為這款新型眼鏡擁有巨大市場潛力，尤其適用於醫學、安全、遊戲等領域。

例如：機場的安檢人員戴上眼鏡後，可以觀察到可疑人員臉部的緊張跡象。不過長吉表示，該眼鏡更大的應用領域還是在人類的社交生活中。例如，在第一次約會時，使用者戴上它就可以看出約會對象的心思；在商務午餐中，使用者可以了解商業夥伴的真實想法。

現代科技的發達，讓我們透過新一代研發產品就能辨識人心，但如果你能夠多了解一些讀心術，不用靠科技產品也能輕鬆識人！

戴大眾化眼鏡的人，對任何事情都抱持著觀望的態度，不敢輕易嘗試。

從眼鏡形狀、大小看性格

人際交往中，一個人的穿衣戴帽可以反映此人的內心活動，就連選擇什麼樣的眼鏡也可以折射出一個人的真實性情。因此，如果你也想要透過眼鏡了解一個人，不妨一起來看看。

喜歡選擇眼鏡形狀大而奇怪的人，自視清高

這種人往往個性獨特，自視清高，不會把周圍的人放在眼裡，但他們喜歡這種備受注目的感覺。

尤其在愛情方面，只要是自己喜歡的，便會不顧後果地主動追擊。事業方面，同樣如此，只要是他們認定的目標，便會堅持到底。

喜歡選擇較大的圓形眼鏡的人，易深陷愛情泥沼

這類人通常內心純潔，也很愛撒嬌，大多感情豐富。

在愛情方面，他們會非常關注自己的另一半。有這種喜好的人，內心充滿稚氣，他們常常會幻想愛情的美好，因此，更容易深陷感情其中，對另一半管

很嚴。

有時候，他們會把感情看得太重，花費自己過多的精力，而疏於重視工作。

☆喜歡選擇不大不小，大眾化眼鏡的人，常錯失良機

這類人性格偏內向，思想保守，對於新潮的東西不會輕易嘗試。他們通常缺乏冒險精神，對於那些新鮮的事物總抱著觀望的態度。

在愛情面前，他們往往會很膽小，因此，可能會錯失良機。

這類人因為害怕風險，也不善於表達自己，總是被人群埋沒，工作上，他們也總是追求低調行事，所以不可能會有太多作為。

☆追求獨特造型的人，古靈精怪

這種人往往頭腦聰明，個性也很獨特，甚至有些人很自負。與他們交往時，他們會顯得有點固執倔強，但有時會給人古靈精怪的感覺。

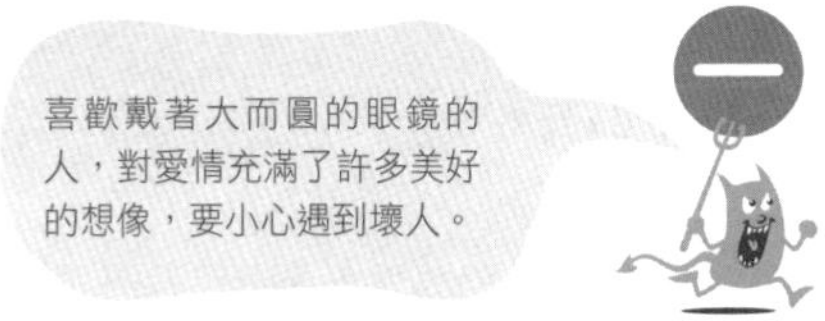
喜歡戴著大而圓的眼鏡的人，對愛情充滿了許多美好的想像，要小心遇到壞人。

選擇黑色鏡框的人，不輕易妥協

黑色是一種否定和決斷的顏色，能夠帶來一種威嚴之感。因此，喜歡黑色鏡框的人，無論做什麼事情都會很認真，追求完美主義。

這類人也很執著，只要是自己認定了的事情，總會堅持到底，正是這種堅忍不拔的精神，讓他們在事業上有所收穫。

喜歡咖啡色鏡框的人，受人歡迎

咖啡色代表著穩定和中立，因此，選擇這種顏色鏡框的人，通常性情比較穩定，同時又充滿活力，具備豐富的感情。

人際交往中，這類人往往能給人帶來真誠實在的感覺，因而能夠贏得他人的信任，受到大眾的歡迎，能與周圍的人建立良好的人際關係，在事業上也會有所作為。

喜歡紫色鏡框的人，理想主義者

紫色代表權威、聲望、深刻和精神。因此，喜歡這種顏色的人通常渴望知識，熱愛讀書。他們為了能夠達到自己的理想，會和外在的條件競爭。他們堅信只要經過自己的努力，一切都會比現在更美好。

看他扶眼鏡的動作

有些人在說話時會不經意地推一下眼鏡，但扶不同的眼鏡部位可能也代表不同的訊號喔！快來看看吧！

手指從鼻樑處向上推眼鏡的人，性格極端

這類人性格比較內斂、細膩，屬於「慢熱型」。這類人不會主動提出自己的要求，與他人交流時，大多扮演傾聽者的角色。

在群體中，這類人通常會形成兩個極端，要麼人緣很好，要麼不合群，這要看他周圍人的態度。如果他人能夠主動與溝通的話，他們會是很好的朋友，反之，這類人往往會封閉在自己的世界裡。

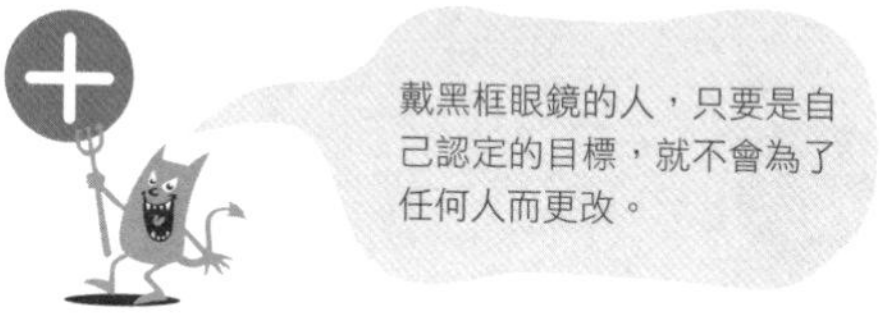
戴黑框眼鏡的人，只要是自己認定的目標，就不會為了任何人而更改。

用手扶眼鏡框的人，頗有大將之風

手扶眼鏡框來調整眼鏡位置的人，通常較自信，他們對問題的掌握也更全面，善於抓住機會，這類人往往是某個領域的行家，具有領導風範，事業上一定能成功。

用手扶眼鏡支架的人，缺乏耐性

這類人性格比較穩重，遇事頭腦冷靜，考慮問題周密，他們都有自己想法和自成一套的做事準則，個人原則不輕易動搖。

原來戴眼鏡的人並不一定如同他外表上看來的那般理性，下次認真看一下你身邊的「眼鏡仔」都怎麼扶眼鏡的，就知道他是「慢熱」還是「悶騷」喔！

小人照妖鏡

心理創傷可能讓近視加深。

美國作家露易絲・賀認為，我們的疾病都是自己製造出來的。我們的身體很像世界上最奇妙的機器，能反映我們內在的思想和信念，並且藉由身體的不適跟我們進行對話。所以應該花一點時間傾聽身體的呼喚。

一位近70歲的女士，她從小近視，一輩子都戴著眼鏡；幾年前出現白內障，導致她的視力愈來愈差，所以希望能改善視力。身心靈專家肯恩經過深入了解之後，利用記憶回溯到4歲的時候，因為媽媽生了弟弟，讓她認為媽媽不再愛她，於是她開始自我封閉，眼睛的知覺也漸漸消退。

肯恩發現，當事人由於擔心缺乏愛、沒人欣賞，才使視力不斷退化。所以建議她必須重新發展自我，才能消除長期累積在眼睛的壓力。

露易絲則發現近視的人會向內退縮、尋求安全的避難所；遠視的人則積極擴展自己、參與活動、建立關係、考慮未來，儘量避免發展內在的自我。因此近視的人必須學著擴展自我，讓自己活得更自在一點。

喜歡穿金戴銀的人，最愛使喚別人！

愛美是人的天性，為了把自己打扮地美麗出眾，人們選擇了各式各樣的首飾來襯托。但是，那些亮麗的首飾在美化儀表、愉悅身心的同時，也可以從側面反映人的性格。

例如：首飾可以昇華一個人的氣質；一對卡通耳環可以為成熟的白領女性們增添活力；而風格誇張金屬質地的首飾又將女性柔順性格中堅毅不羈的一面展露無疑。因此，透過首飾可以了解它與性格之間的關聯。

首飾可以昇華一個人的氣質，更可以改變一個人的形象。

看他帶的首飾是什麼形狀？

心理學家們經過長期觀察和研究發現：「不同性格的人對不同的形狀均有特別的偏愛，這其實反映人們希望借此尋求內心世界與外在美的和諧協調。」一例如：選擇小巧、呈幾何圖案首飾的女性，一般性格都比較活潑好動，富有青春氣息；相反，那些喜歡流線型飾品的女性，則性格多為溫柔賢淑。接下來我會介紹更多形狀的首飾與性格的關係，提供給讀者做參考。

偏愛圓形款式的人，依賴性強

他們性格都比較傳統，因此，家庭觀念比較強，有依賴心理，同時性格也比較恬靜，但是懂得知足，這類女人無論是生活還是家庭都會非常幸福。如果是男士的話，這類男人通常性情溫和，平易近人，具有強烈的責任感，容易得到別人的認可，具有較好的人際關係。

鍾情於橢圓形款式的人，喜歡獨當一面

此類女性獨立，並勇於開拓，事業心比較強。工作時，能夠得到上司的欣

賞和重用；生活中，她們也能夠獨當一面。因此，無論在生活還是在事業上，她們都會顯得與眾不同。

喜歡這種款式的男人，內心充滿正義感，喜歡替人打抱不平，易取得群眾的支持，因此，有較強的領導能力。

喜歡心形首飾的人，易受異性青睞

他們性情細緻，無論待人做事都能體貼入微，而且此類女人性格浪漫、內心情感豐富，懂得享受生活的樂趣，因此，容易受到異性的青睞。

男士則往往性格開朗，熱情大方，並樂於助人，具有很強的社交能力，更容易獲得事業的成功。同時，還對愛情很執著。

選擇梨形款式的女人，適應力強

這類人性格活潑開朗，多為追求時尚的現代女性。她們往往敢於接受新鮮事物，並勇於探索，因此，對外界環境的改變，具有較強的適應能力。

男士則往往坦誠直率，善於言談，喜歡結交朋友，並且能夠尊重他人。

偏愛長方形或方形款式的人，理性沉穩

這類人性格堅強，不苟言笑，待人坦誠。做事比較嚴肅認真，原則性比較強，喜歡把事情打理的井井有條。

男士則性格穩健，具有很強的洞悉能力，這類人處事比較沉穩，無論做什麼事情都會經過理智的思考。

喜歡鑽石和珍珠的人不同調？

一般認為鑽石是最貴重的珠寶，儘管如此卻非人人都愛戴鑽石，所以這也是各類型的珠寶仍然具有其市場的主因，不過，配戴不同的珠寶材質也代表了不同的主人性格。

喜歡鑽石的人，典型的現實主義者

這類人做事目標明確，對新鮮事物充滿好奇，同時也敢於接受新的事物。

如果一旦確定目標的話，他們會積極的行動，屬於行動派。

喜歡鑽石的人非常現實而執著，就算你送其它價值不斐的寶石，她也不愛！

喜歡珍珠之美的人，性格純潔善良

這類人做事時往往能夠顧及他人感想，設身處地地替他人考慮，因此，他們擁有良好的人緣。但是由於他們總把別人放在前面，不善表達自己，註定他們不可能成為人們眼中的焦點。

喜歡紫水晶的人，往往氣質高雅

這類人性格文靜，愛憧憬美好的事物，想像力也很豐富，但不喜歡過分地表達自己，多具文藝氣質。

喜歡寶石的人因為顏色差異，也會有很大的差別

喜歡紅寶石的人，往往性格熱情奔放，敢於嘗試新鮮事物，但他們往往性格叛逆，人際關係不太融洽；而選擇藍寶石的人，做事循規蹈矩，認真刻苦。他們往往待人誠實，是值得信賴的人。

喜歡翡翠的人，生性樂觀

這類人對諸事都能看得開，懂得知足，因此，能夠愉快地面對生活中的煩

惱。雖然他們也不善於張揚自己的個性，但是豁達的性格往往使他們成為人群中的焦點人物。

喜歡佩戴珊瑚的人，外柔內剛

據說身佩珊瑚會驅除病痛災厄，所以這類人對神秘的事物特別感興趣，很熱衷命相、占卜與關心宗教、儀式，因為重視「靈」感，可能是各種心靈課程的常客，建議還是以「人」為本，多多接觸人群。

了解各人喜歡配愛的首飾，除了可以了解個性之外，也可以作為送禮時的依據。有時候，社交場上只要運用一點小心機，就能知人知己、百戰百勝。

小人照妖鏡

揭示炫富浪費的凡勃倫心理。

所謂「凡勃倫效應」，簡單地說就是指當商品價格越高就越容易受到消費者青睞的現象。後來人們更常將「凡勃倫效應」用於解釋與奢侈品相關的炫耀性消費。

在凡勃倫的陳述中，他把炫耀性消費等同於「浪費型消費」，可謂一針見血。顯然地，人們消費奢侈品其實是為了滿足心理需求，這就是所謂「擁有」比「使用」更重要的奢侈品消費法則。所以，與精神價值相比，奢侈品的使用價值微乎其微。

一塊鑲滿鑽石的江詩丹頓手錶，和另一支價格幾百元的普通手錶相比，其計時功能相同，但名表能滿足人們精神需求的價值是普通手錶無法比擬的。

不過，人們如果只是因為「貴」而買，因為「別人有」而買，更因為「別人買不起」而買，這種純屬拜金、炫富的非理性消費也是大有問題的，反倒讓人覺得自身的價值若不透過這些奢侈品，似乎就非常廉價了！

不戴手錶的人，不可能有時間觀念！

有一種心理定律稱為手錶定律，又稱為兩隻手錶定律、矛盾選擇定律。因為只有一支手錶，可以明確知道時間；但如果擁有兩支或者兩支以上的手錶，反而會讓看錶的人失去對時間的信心。其深層的心理含義在於：每個人都不能同時挑選兩種不同的價值觀，否則他的工作和生活必將陷入混亂。

由此可知，手錶的使用代表了一個人的原則性，而手錶的選擇其實也透露了我們的價值觀。

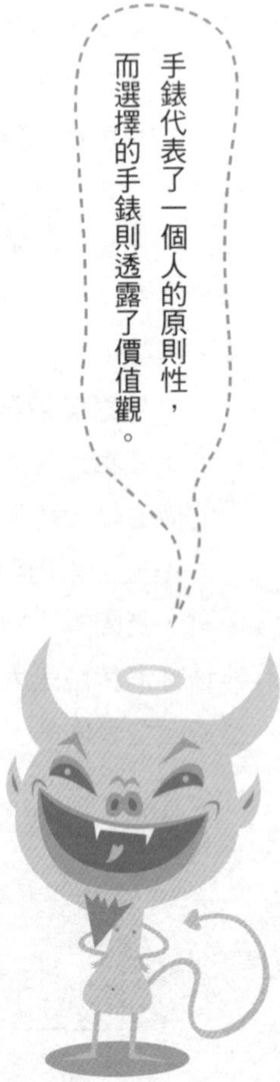
手錶代表了一個人的原則性，
而選擇的手錶則透露了價值觀。

喜歡戴古典金錶的人，有包容心又重義氣，絕對不會見死不救！

看他帶哪一種手錶？

「一寸光陰一寸金，寸金難買寸光陰」。一個人對時間的看法，大多是由性格決定的，而時間對人具有什麼樣的影響，又能透過所戴的手錶傳達出來，因此透過佩戴手錶的愛好，可以了解一個人的性格。

喜歡液晶顯示型手錶的人，想法單純

這類人在生活中比較節儉，知道如何精打細算。他們的思維比較單純，對簡捷方便的事物比較熱衷，但對於太抽象的概念則難以理解。

在為人處世方面多持比較認真的態度，不會顯得特別隨便。

喜歡戴鬧鐘型手錶的入，嚴以律己

他們大多對自己要求特別嚴格，總是把神經繃得緊緊的，一刻也不放鬆。

這類人雖算不上傳統和保守，但他們習慣按一定的規則辦事，工作時，每一件事都是以相當直接而又有計劃的方式完成的。

他們非常有責任感，有時候會在這方面刻意地培養和鍛鍊自己。除此之

外，還有一定的組織和領導才能。

喜歡戴具有好幾個時區手錶的人，三心二意

這類人有些不切實際。即使他們很有智慧，但大多處於想像階段，不會努力付諸實踐。因為他們做事常常三心二意，這山望著那山高，所以在應該承擔責任時，常以逃避現實的方式面對。

喜歡戴古典金錶的人，思考長遠成熟

這種人多具有發展的眼光和長遠的打算，他們絕對不會為了眼前的利益而放棄一些更有發展前景的事業。

他們思考非常成熟，對凡事都能看得清楚透徹。而且見有包容心和耐性，又很重義氣，所以能與家人、朋友同甘共苦。也有堅強的意志力，不會輕易向外界的一些困難和壓力低頭。

喜歡戴懷錶的人，生性浪漫

這類人大多很會控制時間，雖然他們每天的生活都是很忙碌，但卻不會成

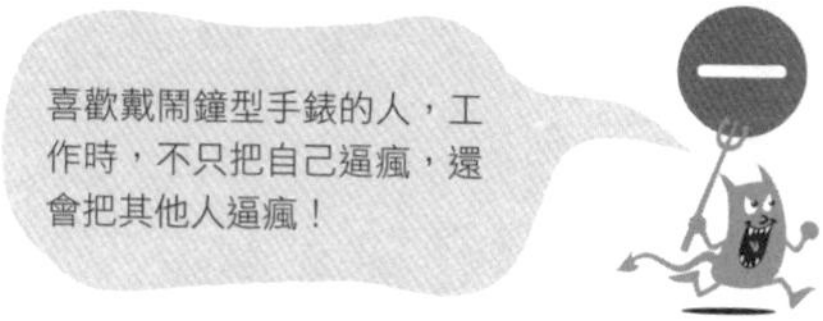

為時間的奴隸，而懂得如何在有限的時間裡，讓自己放鬆並且找到快樂。

因為他們很有自制力，適應能力又非常強，能夠很快地調整自己的心態專注在工作。除此之外，這類人很浪漫，常會製造一些出人意料的驚喜，為人處世具有耐心，很看重人與人之間的感情。

喜歡戴上發條錶的人，疏離人群

這類人的獨立意識比較強，很多事情都堅持自己動手。他們樂於做那些可以馬上見到成果的工作，最看重自己的成就感，也很重視投入的過程，他們不希望一切都是輕而易舉就獲得的，那樣反而沒有了意義和價值。這類人總是和其它人保持著一定的距離，避免被過度關心。

喜歡戴沒有數字的錶的人，重視創意

這類人擅長表達抽象化的概念，不希望什麼事情都說得太白。因為他們很看重智力的發揮，認為把一切都說得太清楚就沒有任何意義了。所以他們很喜歡玩益智遊戲，因為他們自己本身就很聰明。

✡喜歡戴由設計師為自己設計的手錶的人，虛榮浮誇

這類人非常在乎自己在他人心目中的形象和地位，並且會為了迎合他人而改變自己。他們時常會大肆渲染地誇張一些事情，以吸引別人的注意。

✡不戴手錶的人，應變能力強

這類人大多具有比較獨立自主的性格，他們不會輕而易舉地被他人支配，而只喜歡做自己想做並且也願意去做的事情。他們的隨機應變能力比較強，能夠及時地想出應對的策略，而且非常樂於與人結識和交往。

不過，不帶手錶顯示出這種人怕麻煩、不想被各種規則限制的個性，如果又毫無做事準則，就會被當成沒有責任感的人。

以上是對於各種手錶型態與主人性格的分析，但因為現代人大多有使用手機的習慣，所以若是將手機當成查看時間的依據，就不能算是「沒帶手錶」。

學習讀心術，可以建立一些心理通則，但如果過分專注在字面上的歸類就失去意義了，畢竟看一個人，直覺還是第一關鍵，綜和評斷，才能客觀識人。

小人照妖鏡

手錶定理：確認自我的價值觀。

手錶定理是指一個人有一支錶時，可以知道現在是幾點，不過一旦他擁有兩隻錶時卻無法確定，反而會讓看錶的人失去遵循的依據。為避免這種狀況，你要做的就是選擇其中較信賴的那支，盡力校準它，並以此作為你的標準，聽從它的指引行事。

如果每個人都「選你所愛，愛你所選」，無論成敗都可以心安理得。然而，困擾很多人的是：他們被「兩支錶」弄得無所適從，心身交瘁，不知自己該信仰哪一個，只好在環境、他人的壓力下，違心選擇了自己並不喜歡的道路，為此而鬱鬱終生，即使取得了受人矚目的成就，也體會不到成功的快樂。

手錶定理也可以應用在企業經營管理方面，延伸涵義：對同一個人或同一個組織的管理，不能同時採用兩種不同的方法，不能同時設置兩個不同的目標，甚至每一個人不能由兩個人來同時指揮，否則將使這個企業或員工無所適從，陷於混亂之中。

愛穿恨天高的人，潛藏大小姐脾氣！

女人對於鞋子的鍾愛，也許是從仙度瑞拉的童話開始。灰姑娘的故事告訴我們，一雙鞋可以改變一個人的氣質、身世、乃至命運，在某種程度上，鞋子成了衡量美女與否的標準。當然，女人們並非為了買到一雙灰姑娘的水晶鞋而嗜鞋如癡，更多的是為了尋覓一種「找尋千里，只為自己量身訂製」的專屬情懷。而這種憧憬本身，就如愛情般令人陶醉。

對女人而言，鞋子是永遠也不嫌多的。但是，即使擁有的鞋子無數，卻常常只有一雙最受主人寵愛。也許是最合腳的，也許是款式最喜歡的，也許是價格最昂貴的。其實，女人自己也說不清為何對這雙尤為偏愛，或許是因為這雙

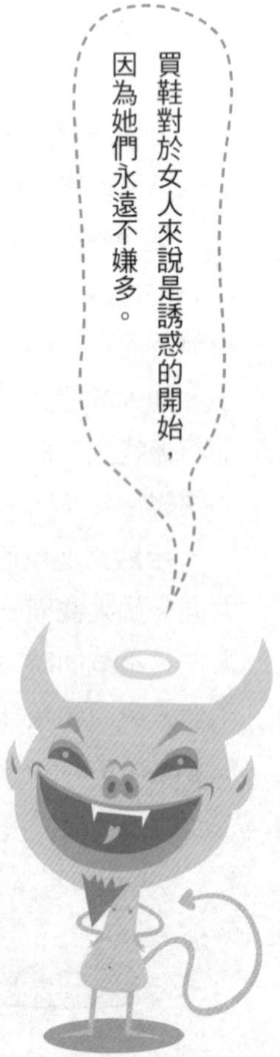
買鞋對於女人來說是誘惑的開始，
因為她們永遠不嫌多。

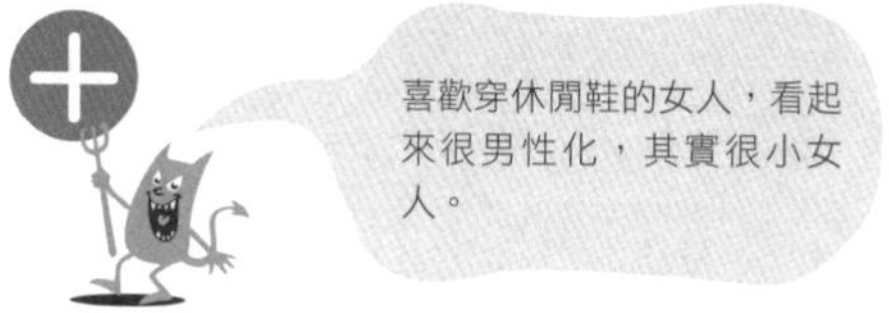
喜歡穿休閒鞋的女人，看起來很男性化，其實很小女人。

鞋最貼近她內心深處的性格吧！

看她喜歡穿哪一種鞋子？

鞋子是時尚不可缺少的一環，有的女人更對鞋子有著特殊的愛好，所以自然能從穿鞋愛好看出女人的性。

喜歡穿涼鞋的女人，人緣好

這類人對自己相當有自信，喜歡展現自己陽光的一面。一般情況下，她的人緣不錯，朋友也不少，也容易受到異性的青睞。不過她有時候會對男友要求較多，希望對方意見與自己一樣，而且個性頗為固執，不易說服。如果要當她的男友，可能要有耐心及多替她著想。

喜歡穿高跟鞋的女人，難以滿足

這類人個性成熟大方，喜歡思考，頭腦聰明。她們在生活及工作上都相當盡責與努力，對周圍的人事物要求也會比較高，但是因為想要的東西太多，有時會因為無法滿足而大發脾氣。如果你想要追求她，就大方地對她好，關心她，如果她也認為你條件不錯，就不會故意擺架子刁難你。

✩喜歡穿運動及休閒鞋的女人，感情脆弱

這類人表面上看來大而化之，容易相處，但是她非常會保護自己，警覺心很強。這類人外表好像很容易和男生打成一片，其實她們都把這些男生當成同性朋友一般，對於心裡喜歡的那一位，反而保持距離，敬而遠之。一般朋友比較難看出她的心事，在堅強的防衛之下，其實她的情感非常脆弱。

✩喜歡穿造型簡單鞋子的女人，性格壓抑

這類人個性單純敏感，容易壓抑自己的情感。從小，她的爸媽可能管得比較緊，或是就讀的學校、工作場所較為保守，所以平時言行比較內斂，但是其實她們的內心會想嘗試一些冒險，要小心受人欺騙。

✩喜歡穿馬靴的女人，異性緣佳

這類人愛好自由，個性獨立，勇於表現自己。一般而言，她們不是外表出

喜歡穿涼鞋的女人，個性比較固執，身為其男友身段要柔軟一點。

眾，就是相當聰明有能力，很容易成為異性傾慕的對象。

雖然看起來好像不難親近，但是要成為她的男友，必須具有某種才華，並且了解她，才能贏得她的芳心。

喜歡穿造型特殊鞋子的女人，內心保守

這類人注意時尚並且追逐流行，喜歡成為大家注目的焦點，外表看來作風大膽，其實內心相當保守。她可能對自己沒什麼信心，所以才會希望跟上流行，讓別人也注意到她的存在。

想要追求她的人，必須多多肯定她的優點，給予鼓勵，會讓她更加有自信。

擺鞋方式透露性格死角

當你回家時，會把鞋子怎麼放呢？

☆鞋尖朝門口擺放整齊

這種人是典型的「先苦後樂」，凡事喜歡追求完美。從精神分析的角度來看，他們的道德心和倫理感相當強烈，喜怒不形於色。但是，可能過於壓抑情感，最好能放輕鬆些。

☆鞋尖朝家裡擺

這樣的人在現實生活中，往往擅於調整自我的心態，懂得平衡理想和現實的差距，所以會給人一種成熟的感覺。

☆隨手放下，不拘小節

這種人自我意識強烈，不喜歡被約束。可是，他們行事太衝動，往好的方向發展則無須擔心，但是，如果往壞的方向發展，則要加以控制。

☆不願動手，請人幫忙放鞋

這樣的人為數不多，他們往往比較任性，依賴性很強，可能從小在溺愛的環境中長大，被慣壞了。但是，最好學習如何適應環境，否則會吃大虧。

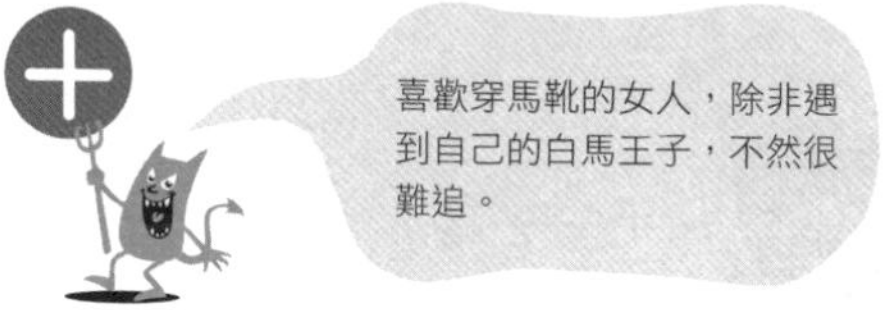

有研究顯示，92％的女性記得第一次用自己的錢購買的鞋子，無論所購買的是名牌鞋還是街上的打折貨，但要她們回憶其初吻對象的名字，卻只有63％的女性能夠想起來。更誇張的是，有96％的女性會對丟棄一雙鞋子感到懊悔，卻只有15％的人對拋棄男友有這種感覺。

所以從女人對鞋子的依戀方式可以窺知她感性的一面、對戀愛的態度，當你從觀察鞋子清楚掌握這些資訊，就不會遇到那種欺騙他人情感，只為滿足物質欲望的女人，因為她是什麼樣的人，你心知肚明！

小人照妖鏡

愛穿看似不舒服鞋子的人性格冷靜。

堪薩斯大學的研究人員認為：「鞋子可傳達其主人某些細微但有用的資訊。因為人們一般都會注意自己和他人穿的鞋。」

研究發現，鞋子可透露的個性特徵包括：一個人的大概年齡、這個人的性別、收入、政治立場，還有包括情緒穩定性在內的特徵。

一些更具體的研究結果則十分有趣。例如：實用、功能性的鞋子通常是性格隨和的人穿的，而短靴的主人則大多是性格強勢的人。最奇怪的也許是那些愛穿「看起來不舒服的」鞋子的人，竟然性格比較「沉著冷靜」。

此外，如果你有好幾雙新鞋子或者格外愛惜保養這些新鞋，那麼你可能患上了「依戀焦慮症」，你花了過多的時間來擔心他人對你外表的看法。

研究人員指出，有些人會透過選擇鞋子的樣式，來掩飾他們真實的性格，不過研究人員也指出，但他們一般都不會意識到自己對鞋的選擇，更會讓人窺見性格深處。

噴粉味香水的女人，最愛胡思亂想！

女人和香水的淵源就像男人和酒一樣，無論是演藝圈的女明星，還是文學界的泰斗，只要是女性，都逃脫不了香水的誘惑，而女人擦香水的魅力同樣也誘惑了無數的男人。

著名影星瑪麗蓮夢露曾說過一句名言：「香奈兒五號是女人睡覺時『穿』的香水。」

噴上香水，的確像是穿上一件美麗而引人遐想的衣服。

因為人的嗅覺是所有感覺中最神秘性的一種，香水剛好具有控制嗅覺感官的特質。所以選擇什麼樣的香水自然和心理因素脫不了關係。

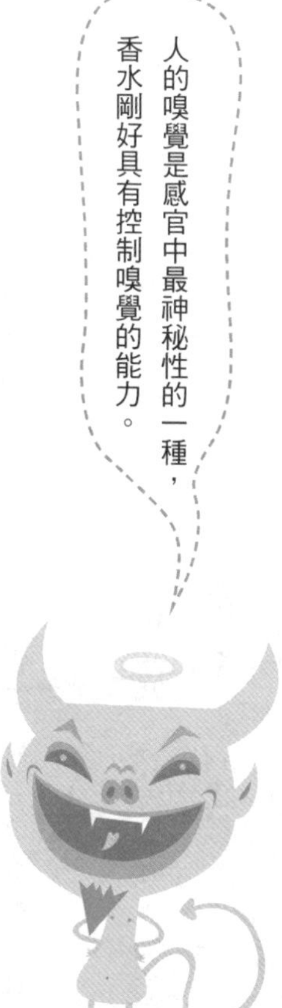
人的嗅覺是感官中最神秘性的一種，香水剛好具有控制嗅覺的能力。

聞聞她身上的香水味

我們都知道，價值連城的寶石，是多數人珍愛的寶藏。但你或許不知道，香水也有著液體寶石的美譽。

不同的香水可以帶給人不同的感受，例如：植物香賦予我們安靜、甜蜜、新鮮的感覺；檸檬香賦予我們清新、海風、陽光的感覺；而鈴蘭香則賦予我們親切、真摯、青春的感覺。

因此，我們可以依據香味的選擇來判斷女人的性格。

☆擦很濃郁香水的女人，標新立異

選擇這類香水的女人，往往多愁善感型，她們大多感情豐富，且極其敏感。有時會脫離現實，沉湎於遐想之中，醉心於浪漫。

她們對理性嚴肅的事物很反感，其人生哲學是標新立異，熱衷發展。生活中她們總喜歡避開無謂的衝突，天生平和，也很願意接受別人的建議。

代表香水有：

喜歡噴很濃香水的女人，常常脫離現實，建議多聽旁人建言。

Lancôme的Tremor香水，富含玫瑰花香，盡展含蓄優雅的一面。

Palo me Picasso香水，充滿鮮花的芬芳，溫文爾雅，發揮感性的一面。

Gucci的 Tocade香水，散發迷人的青春魅力。

Nina Ricci 的L'Air du Temps香水，含有康乃馨、梔子花、玫瑰等，特別能夠顯示感性，浪漫的性格。

Kenzo香水，具有朝氣，芳香濃烈，誘發無窮幻想，讓溫婉浪漫的女人馳騁於幻想的國度。

☆擦柑橘香水的女人，講究實際

選擇這種香味的女人，多為活潑開朗型，她們性格豪爽奔放，生氣勃勃，不畏風險，面對生活，總是抱著積極樂觀的態度，勇於接受挑戰，對新事物充滿興趣。

她們的人生哲學講究實際，待人接物直截了當，做事注重效率，為了使自己更獨特，個性會比一般女性大膽冒險。

代表香水有：

Tiffany的Trueste香水，富有青春朝氣。

Liz Claiborne香水，氣味清新，將女人活潑的個性表露無疑。

Charles Jordan的Tress Jordan香水，彌漫著令人陶醉的花香及深沉持久的琥珀香氣，是熱情奔放女人的選擇。

☆擦東方型香水的女人，追求自我

選擇這類型香水的女人，性格比較內向，她們注重內心寧靜和諧，不善交際。她們更喜歡離群索居，與外界保持一定距離，在獨處其身的同時，也能設身處地為人著想。其人生哲學是追求自由。

代表香水有：

Jean Paul Gaul tier香水，既有蘭花的細膩，又有玫瑰的芬芳，含蓄不誇張，如同在輕輕地細訴情衷。

喜歡柑橘香的女人，講究實際，性格比較大女人。

擦花香和水果香味水的女人，變幻莫測

喜愛此類香水的女人，性格較具多面性，可能既活潑又文靜，既樂觀又悲觀，易給人變幻莫測之感。她們時而興高采烈，活潑生動，很能夠適應新的環境，隨遇而安。此外，她們勇於追求時代潮流，但因太過衝動，有時會容易受到傷害。

代表香水有：

L'Eau D'Issey 一生之水，如同清泉一般流瀉怡人芬芳，與活潑、多愁善感又偏外向型女性異常合拍。

Calvin Klein的CK ONE香水，清爽舒暢，使人樂於接近。

Lceberg香水散發出一種微妙的芳香，將此類女人那種略帶微妙、善變的性格表現無遺。

擦甜味香水的女人，多愁善感

喜歡這類香味的女人，一般屬於多愁善感偏內向型性格，她們善於長遠規劃，大多有長期目標。因為性格內斂低調，與人交往會避免無謂爭端。她們有耐心、也富有吸引力。同時也非常喜歡安定生活。做任何事情都十分專注，樣樣力求完美，有決斷力，是可以委以重任的人選。

代表香水有：

Channel No.19香水，集合玫瑰、香柏木、雪松花等鮮花和樹木香，優雅別致，增添此類女性溫柔個性。

Aramis的Tuscony Per Donna香水，糅合玫瑰、牡丹和百合的花香精華，採用義大利工藝製作，盡展多愁善感內向型女性含蓄優雅的一面。

擦檀香、花香香水的女人，正面思考

喜愛這種類型香味的女人，一般屬於意志堅強偏外向型性格，她們往往擁有良好的心態和堅強的意志，對自己有自信，面對困難時很少憂鬱失望，善於解決問題。

此外，她們對工作積極認真，對朋友真誠坦白，是值得信任的人。

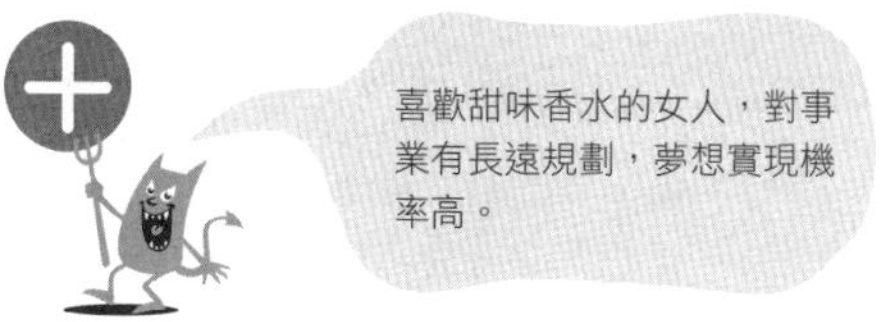

代表香水有：

Lanvin Arpege香水，醉人的幽香為性格偏外向的女人更多增添一份柔情。

☆擦自然型香水的女人，追求完美

熱衷於這類香味的女人喜歡追求情感上的平衡，為人處事謹小慎微、如履薄冰，在不侵犯他人的前提下，力尋自己的社會地位。

代表香水有：

Versace香水，蘊涵了百合、茉莉及檀香木的馥鬱芬芳，展現女士追求完美的個性。

Cabotine de Gree的香水是不同香料配製出的，能誘發迷人魅力，能將偏內向型女士的冷傲融化，讓浪漫溫婉傾情而出。

香水具有如此強大的魅力，讓女人將自身的嬌羞、畏懼、驕傲、嚮往、自信、堅強、野性全都鎖在或清淡或濃豔或嫵媚的芬芳之中，匆匆經過和稍作停留的人，都能感受到她想要表達和難以道出的一切。

而且，香水的美妙並不一定存在於此時此刻，當一種神秘而纏綿的香味飄來時，你可能就突然想起了某一天某一個時刻曾經發生的難忘故事。

香水的特別，就在於喚起人們對美好過去的回憶。你了解了香水的特性，就等於窺知她的過去，更能嗅出隱藏在她心中那些不為人知的情感和秘密。

小人照妖鏡

香水使用過量是一種心理障礙。

德國特拉維夫大學所組成的一個研究小組發現，某些疾病會導致患者嗅覺受損。因此，嗅覺不靈可能是患上嚴重疾病的徵兆。

特拉維夫大學教授耶胡達・舍恩費爾德說：「我們研究發現，患憂鬱症女性的嗅覺也會受到損傷，導致她們過量塗抹香水。」研究人員認為，憂鬱症不僅是心理問題，還存在生理原因。因為研究證明，憂鬱者病情好轉時，嗅覺也會隨之增強。

德國研究人員報告，重度憂鬱症患者似乎嗅覺受損。這一發現表明，嗅覺功能和精神狀態之間似乎存在交互作用。據基輔大學的鮑絲認為，本研究可能導致用嗅覺檢查來證實抑鬱診斷，甚至是用作語言交往困難者的診斷工具。這項研究也表明，芳香療法存在科學根據，可能對憂鬱者有成效。

這一研究成果對及早發現憂鬱症的前兆有著重大的幫助，如這項研究成果得到進一步的證實，將會為診斷憂鬱症提供一種新的方法。

你要特別提防哪種小人？

最近有一個重量級的大案子找上你，消息一被揭露，大家都在期待你發表令人驚喜的新作品，可是你卻不這麼認為，到底是為什麼？

Ⓐ 合作對象非常難纏。

Ⓑ 對於這次的主題沒什麼興趣。

Ⓒ 時間太緊迫。

Ⓓ 曾經做過類似的主題，已無新鮮感。

解析：

A：心機重的人

你的心思單純、想法直接，不會拐彎抹角地說話，說一是一、說二是二，因此對於那些心機重或詭計多端的人最無法應付，常被對方玩弄於股掌之間，切記要小心提防，才不會被出賣都不知道。

B：無賴小人

你對於抵死不認帳的人最沒輒，一旦惹上了就沒完沒了，最好還是不要輕易接觸比較好。你既講理又重義氣，做事光明磊落、清清楚楚，所以實在很受不了那種沒擔當的人，常被他們氣得說不出話來。

C：笑裡藏刀的小人

你不太懂得察顏觀色，心裡有什麼就講什麼，因此很容易被那種笑裡藏刀的人所騙、所害而不自知，可能你掏心掏肺地跟對方說真話，但對方卻反而在找你話裡的漏洞，一心想藉此利用你，務必小心為上。

D：牆頭草的小人

當你遇到那種風吹兩邊倒、沒有自我立場的牆頭草，很可能會因為受對方負面的影響，讓自我的價值和中心思想變得更加混亂，再加上若自己一直沒有發覺問題的癥結，極容易跌入萬丈深淵。

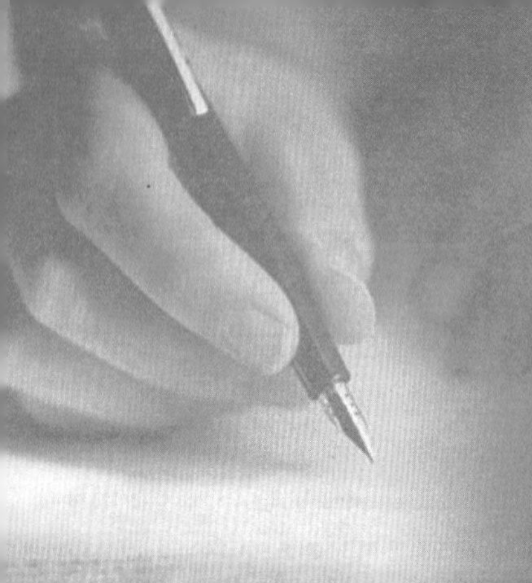

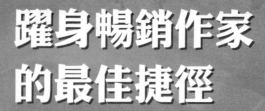

國家圖書館出版品預行編目資料

惡魔讀心術2：讓小人都靠邊閃的秒殺破心術！/
內田直樹 著 ; 菜菜子 編譯. -- 初版. -- 新北市 :
啟思出版, 2012.10　面；　公分
ISBN 978-986-271-255-9 (平裝)

1. 個性　2. 行為心理學　3. 肢體語言

173.7　101014684

啟思
Cheese Group

惡魔讀心術2
讓小人都靠邊閃的秒殺破心術

出 版 者 ◤啟思出版
作　　者 ◤內田直樹
譯　　者 ◤菜菜子
品質總監 ◤王寶玲
總 編 輯 ◤歐綾纖
文字編輯 ◤劉汝雯
美術設計 ◤蔡億盈
內文排版 ◤新鑫電腦排版工作室

本書採減碳印製流程
並使用優質中性紙
（Acid & Alkali Free）
最符環保需求。

郵撥帳號 ◤50017206 采舍國際有限公司（郵撥購買，請另付一成郵資）
台灣出版中心 ◤新北市中和區中山路 2 段 366 巷 10 號 10 樓
電　　話 ◤（02）2248-7896　　傳　　真 ◤（02）2248-7758
I S B N ◤978-986-271-255-9
出版日期 ◤2012 年 10 月

全球華文國際市場總代理 ◤采舍國際
地　　址 ◤新北市中和區中山路 2 段 366 巷 10號 3 樓
電　　話 ◤（02）8245-8786　　傳　　真 ◤（02）8245-8718

全系列書系特約展示
新絲路網路書店
地　　址 ◤新北市中和區中山路2段366巷10號10樓
電　　話 ◤（02）8245-9896
網　　址 ◤www.silkbook.com

線上 pbook&ebook 總代理 ◤全球華文聯合出版平台
地　　址 ◤新北市中和區中山路 2 段 366 巷 10 號 10 樓
主題討論區 ◤www.silkbook.com/bookclub　● 新絲路讀書會
紙本書平台 ◤www.book4u.com.tw　● 華文網網路書店
電子書下載 ◤www.book4u.com.tw　● 電子書中心（Acrobat Reader）